HEIKE MAYER

Achtsam leben

Das kleine 1 x 1 für ein Leben im Hier und Jetzt

W0179334

SCORPIO

Heike Mayer, MBSR-Lehrerin nach Jon Kabat-Zinn, leitet Kurse in Stressbewältigung durch Achtsamkeit und Meditation.

www.achtsamkeitstraining-muenchen.de

7. Auflage

© 2020 Scorpio Verlag in Europa Verlage GmbH
© 2015 Scorpio Verlag GmbH & Co. KG, München
Umschlaggestaltung: Hauptmann & Kompanie
Werbeagentur, Zürich
Layout und Satz: Veronika Preisler, München
Grafik Seite 79: Kai Pannen, Hamburg
Druck und Bindung: Print Consult, München
ISBN 978-3-95803-008-4
www.scorpio-verlag.de

Inhalt

Herzlich willkommen!

Dieses Buch ist für Sie,

- wenn Sie genauer wissen möchten, was der Begriff Achtsamkeit eigentlich meint, den man heute oft in Zusammenhang mit körperlich-seelischer Gesundheit, Lebenszufriedenheit und Stressbewältigung hört. Achtsamkeit ist weniger eine Methode als eine innere Haltung, die sich Schritt für Schritt entfaltet und die es uns erlaubt, ganz präsent im Hier und Jetzt zu sein. Sie erfahren in diesem Buch etwas darüber, wie man sie entwickeln und vertiefen kann.
- wenn Sie Achtsamkeit in Ihren Alltag integrieren möchten. Was würde es bedeuten, Achtsamkeit am Arbeitsplatz zu leben, beim Essen, im Haushalt und im Umgang mit sich selbst? Achtsamkeit kann helfen, all die Dinge, die täglich zu tun sind, auf eine Weise zu tun, die vielleicht ein bisschen anders ist als bisher: entspannter, freier, mehr verbunden mit sich selbst und mit dem Leben.
- wenn Sie manchmal das Gefühl haben, dass das Leben an Ihnen vorbeizieht, dass Sie nur noch funktionieren oder sich selbst nicht mehr

richtig spüren. Achtsamkeit bringt uns wieder mit uns selbst in Kontakt. Viele Menschen erleben durch Achtsamkeitspraxis verstärkt Gefühle von Gelassenheit, Dankbarkeit, Lebensfreude und Sinn.

Ich selbst habe die Praxis der Achtsamkeit vor 15 Jahren im Meditationszentrum des vietnamesischen Zen-Lehrers und Dichters Thich Nhat Hanh kennengelernt, und dieser Tradition fühle ich mich tief verbunden. Thich Nhat Hanh hat das Wort *Mindfulness* gewählt, im Deutschen mit »Achtsamkeit« übersetzt, um für unsere heutige Zeit einen jahrtausendealten Weg im Umgang mit menschlichem Leid zugänglich zu machen, der auf Gegenwärtigkeit, Weisheit und Mitgefühl basiert. Zudem habe ich mich die letzten Jahre intensiv mit dem wissenschaftlich erforschten Acht-Wochen-Training »Stressbewältigung durch Achtsamkeit« oder MBSR (*Mindfulness-Based Stress Reduction*) auseinandergesetzt, das der Molekularbiologe Jon Kabat-Zinn entwickelt hat, und unterrichte MBSR-Kurse. Durch die Praxis der Achtsamkeit hat mein eigenes Leben so viel an Tiefe und Leichtigkeit gewonnen, dass es mir eine Freude und Ehre ist, Sie auf den nächsten Seiten zu begleiten.
Seien Sie herzlich willkommen!

1

Zu Hause
im Hier und Jetzt

Ich stehe auf dem Balkon und gieße die Blumen. Ich wünschte, ich hätte mehr Muße, mich um die Pflanzen zu kümmern, doch der Zeitplan ist wieder mal eng. Meine Gedanken wandern in Richtung Schreibtisch. Rechnungen, die bezahlt werden wollen, die volle Mailbox, und dann wartet noch die Steuererklärung … Fast unmerklich ziehe ich die Schultern nach oben, mein Nacken spannt sich an. Unerwartet schiebt sich da die Sonne hinter den Wolken hervor und wärmt mir den Rücken. Früher hätte ich das vielleicht gerade noch irgendwo in einem Winkel meines Bewusstseins registriert, doch hätte es mich nicht innehalten lassen. Ich wäre mit einem unterschwelligen Gefühl von Druck und Anspannung zurück ins Zimmer gegangen, mit vagen Gedanken wie vielleicht: »Oje, das mit der Steuer liegt mir total im Magen, aber das schaffe ich heute sicher wieder nicht, weil noch so viel anderes zu erledigen ist. Diese unangenehme Mail an XY muss ich auch noch schreiben, und außerdem …«

Achtsamkeit hilft mir, mich nicht automatisch von diesen Gedanken antreiben zu lassen, sondern die Sonne in diesem Moment wirklich zu spüren. Ja, drinnen auf dem Schreibtisch liegt viel, was ich zu erledigen habe, das ändert sich auch durch Achtsamkeitspraxis nicht. Aber für diesen Moment kann ich, will ich die Sonne spüren. Ich drehe mich so, dass sie auf mein Gesicht scheint. Nehme das wohlige Gefühl von Wärme am ganzen Körper wahr. Bin mir bewusst, wie schön es ist, hier zu stehen, diesen Augenblick zu genießen. Ich bemerke eine Schwalbe, die voller Lebenskraft ihre halsbrecherischen Schwünge über den Himmel zieht. Ich spüre, wie ich lebendig und wach bin, ein Teil des Lebens, das mich überall umgibt.

Dieser Moment dauert nicht lang, kaum eine Minute. Und doch erfüllt er mich mit einem Gefühl von Verbundenheit, Dankbarkeit, wo ich nichts tun muss, wo es reicht, einfach da zu sein. Der Eindruck von Dringlichkeit ist ein wenig leichter geworden. Ich verabschiede mich von den Pflanzen, dem Blau des Himmels und der Schwalbe und gehe an meinen Schreibtisch.

Wer Achtsamkeit in sein Leben einlädt, fängt an, mehr und mehr solcher kleinen Momente wahrzunehmen. Es sind ganz einfache, schlichte Gelegenheiten, um mit einer Realität in Kontakt zu kommen, die immer da ist, die uns nähren und mit Freude erfüllen kann, ganz egal, wie die äußeren Umstände gerade sind.

Die Energie der Achtsamkeit

Achtsamkeit ist eine Energie, die wir erzeugen können. Sie ist kein Werkzeug und keine Methode, die man sich mal eben nebenbei aneignet, sondern eine Lebenshaltung. *Eine Haltung, die es uns ermöglicht, dem Leben mit Offenheit zu begegnen und uns dessen, was in uns und um uns herum passiert, bewusst zu sein.*

Ähnlich wie die Elektrizität oder den Wind kann man Achtsamkeit nicht sehen, und doch bemerkt man das Resultat – so wie die Lampe zu leuchten beginnt, wenn Sie den Lichtschalter drücken, oder die Blätter der Bäume zu rauschen anfangen, wenn eine Brise aufkommt.

Die Energie der Achtsamkeit entsteht, wenn Sie sich dem, was Sie gerade erleben, bewusst zuwen-

Bewusste Wahrnehmung

der gegenwärtigen Erfahrung

mit einer Haltung von Freundlichkeit, ohne zu werten oder etwas zu erwarten

den – und zwar mit einer Haltung von Offenheit und Freundlichkeit: ohne zu werten, ohne etwas zu erwarten und ohne etwas ändern zu wollen.

Nicht selten erwächst aus diesem Kontakt mit dem, was gerade ist, ein Gefühl von Lebendigkeit, Staunen, Berührtsein oder Verbundenheit. Ich nehme an, dass Sie diese Energie kennen. Sie entsteht oft spontan in Situationen, die eine tiefe Bedeutung für uns haben, oder wenn wir mit hellwachen Sinnen etwas ganz intensiv erleben – so wie kleine Kinder das tun.

Diese Form von bewusster Wachheit und Wahrnehmung ist nichts, was Ihnen jemand beibringen müsste. Die Fähigkeit zur Achtsamkeit tragen wir alle zu jeder Zeit in uns. Uns ist jedoch meist nicht klar, dass wir dasselbe Maß an Achtsamkeit nicht nur den ganz besonderen Augenblicken, sondern auch all den scheinbar banalen und alltäglichen Momenten in unserem Leben entgegenbringen können.

Achtsamkeit ist wie ein Muskel, der sich trainieren lässt.

An dieser Stelle setzt die *Praxis* der Achtsamkeit ein. Aus diesem Begriff wird ersichtlich, dass es sich dabei um einen Übungsweg handelt, etwas, das wir Schritt für Schritt kultivieren können. Warum? Weil Achtsamkeit als grundsätzliche Haltung uns ermöglicht, die Fülle des Lebens wirklich wahrzunehmen. Präsent zu sein, um unser Leben wirklich tief zu leben.

Sich selbst spüren

Wenn Sie mögen, dann stellen Sie sich einen Moment aufrecht hin, und schließen Sie, wenn es Ihnen angenehm ist, die Augen. Kommen Sie mit Ihrer Aufmerksamkeit nach innen, in Ihren Körper. Nehmen Sie ein paar tiefe, bewusste Atemzüge. Bewegen Sie ein wenig die Finger und Zehen. Spüren Sie Ihre Fußsohlen auf dem Boden, rollen Sie die Schultern. Spüren Sie, dass Sie einen Körper haben, einen beweglichen, lebendigen Körper.

Woran nehmen Sie wahr, dass Sie lebendig sind?

Schauen Sie, was auf diese Frage hin in Ihnen anklingt. Es gibt darauf keine richtige oder falsche Antwort. Die Frage ist einfach eine Einladung, zu forschen und aufmerksam für Ihr eigenes Erleben zu sein.

Vielleicht gibt es ein Gefühl von Prickeln, Strömen oder Wärme, das sich an manchen Stellen Ihres Körpers besonders deutlich wahrnehmen lässt? Vielleicht in den Fingern oder Handflächen, im Gesicht oder im Bauchraum oder anderswo? Vielleicht ist es ein Spüren oder die Ahnung eines Gefühls, das sich gar nicht in Worte fassen lässt.

Schauen Sie nun, ob es einen Bereich in Ihrem Körper gibt, wo Sie sich selbst deutlich spüren können. Vielleicht gibt es sogar einen Bereich, wo Sie sagen würden: Hier bin ich innerlich zu Hause.

Möglicherweise wissen Sie den Ort sofort, vielleicht lässt er sich genau umreißen, vielleicht ist das Spüren vage, undeutlich oder wandert von Punkt zu Punkt. Vielleicht ist es auch eher ein ganzkörperliches Empfinden. Oder der Ort hat sich heute besonders gut versteckt. Erlauben Sie sich, neugierig zu sein. Wenn Sie mögen, legen Sie einmal die Hand auf diesen Bereich (oder einen dieser Bereiche) oder einfach auf Ihren Bauch. Spüren Sie die Wärme und die Berührung Ihrer Hand, und wenn es Ihnen angenehm ist, lenken Sie in Ihrer Vorstellung Ihren Atem dorthin.

Wie fühlt es sich an, wenn Sie sich erlauben, sich mit Ihrer ganzen Präsenz hier niederzulassen? Hier zu Hause zu sein, ganz bei sich?

In Kontakt mit allen Aspekten des Lebens – auch mit den Schwierigkeiten

Achtsamkeit, hat die MBSR-Lehrerin Ferris Urbanowski einmal gesagt, hat eine gute und eine schlechte Nachricht für Sie: Die gute ist, dass Sie intensiver wahrnehmen. Die schlechte ist, dass Sie intensiver wahrnehmen. Denn nicht nur das, was schön und wunderbar ist, wird uns deutlicher bewusst. Auch unsere Schwierigkeiten und unseren Kummer können wir klarer wahrnehmen.

»Moment mal«, sagen Sie jetzt vielleicht, »warum soll ich denn das, was in meinem Leben schlecht läuft, intensiver wahrnehmen? Das will ich doch am besten gar nicht spüren!«

Eine verständliche Reaktion. Auf lange Sicht gesehen ist sie jedoch nicht besonders hilfreich.

Weil wir mit unseren Schwierigkeiten nicht in Kontakt sein wollen, lenken wir uns üblicherweise ab. Fernsehen, Internet, Arbeit, Alkohol, Freunde treffen, Shopping, Essen ... Nicht, dass grundsätzlich an irgendeinem dieser Dinge irgendetwas falsch wäre, absolut nicht. Das Problem entsteht, wenn wir sie benutzen, um etwas Bestimmtes nicht anzuschauen, Gefühle nicht zu fühlen. Weil wir uns von der Einsamkeit, der Leere, der Verzweiflung, der Angst oder Anspannung in uns überfordert fühlen.

Natürlich ist es im ersten Moment angenehm, diesen Gefühlen zu entgehen. Doch kehren sie üblicherweise sofort zurück, wenn die Ablenkung aufhört. Es ist so, als ob Sie versuchen, einen aufblasbaren Ball unter die Wasseroberfläche zu drücken. Je stärker Sie ihn herunterdrücken, desto kraftvoller drängt er wieder nach oben. Und wenn wir schmerzlichen Gedanken oder Gefühlen beständig ausweichen, sind wir nicht in der Lage zu sehen, was ihnen eigentlich wirklich zugrunde liegt und wie wir mit ihnen umgehen könnten.

Eine solche »Erfahrungsvermeidung« (*experiential avoidance* ist der psychologische Fachbegriff dafür) führt zudem dazu, dass wir uns von unseren Gefühlen abschneiden. Es ist wichtig zu wissen, dass es für unsere Psyche nicht möglich ist, einseitig nur die Wahrnehmung der unangenehmen Gefühle herunterzuregulieren. Denn sobald wir das tun, erleben wir auch angenehme Gefühle weniger stark. Das kann ein Grund sein, warum wir, wenn wir den Kontakt mit schmerzlichen Erfahrungen laufend vermeiden wollen, unser Leben als zunehmend flacher empfinden.

Anders als kurzfristige Zerstreuungen, die dafür da sind, uns nicht mehr zu spüren, können wir mit Achtsamkeit lernen, zu uns selbst nach Hause zu kommen, ohne von unserem Leid überflutet zu werden. Achtsamkeitspraxis macht uns nach und nach stabiler, sie bringt uns in Kontakt mit den vielleicht verschütteten Ressourcen in uns und mit Werkzeugen, um uns auf sinnvolle Art und Weise um unseren Schmerz zu kümmern.

Es ist wie eine Wanderung, die auf einem Grat entlangführt: unsere Schwierigkeiten, schmerzli-

chen Gedanken und Gefühle nicht zu ignorieren, aber auch nicht in ihnen unterzugehen. Damit in Berührung zu sein, den Kontakt zuzulassen mit Mitgefühl und Respekt für uns selbst und auszuloten, wann er uns zu überfordern droht. Schritt für Schritt weiterzugehen in der Erfahrung, ein verletzlicher, berührbarer Mensch zu sein in einer Welt, die voll ist von Wundern, Zauber und Schönheit, aber auch von großem Schmerz, Mühsal und Not.

Das Leben im Hier und Jetzt direkt erfahren

Nicht wenige der Teilnehmer, die in meine Kurse kommen, nennen als Motivation, dass sie sich selbst nicht mehr richtig spüren, dass sie eher funktionieren als leben, dass sie sich durch ihren Alltag bewegen, als liefen sie auf Autopilot. Vielleicht kennen Sie dieses Gefühl?

Manchmal wird es besonders augenscheinlich, etwa wenn wir nach einer häufig gefahrenen Strecke aus dem Auto aussteigen und gar nicht recht wissen, wie wir am Zielort angekommen sind. Oder Sie stellen mitten in einem Gespräch fest, dass Sie Ihrem Gegenüber schon einige Zeit nicht mehr richtig zugehört haben, weil Ihre Aufmerksamkeit abgeschweift war. Und wohin?

Im
Autopilot-
Modus

Automatisch/
unbewusst
reagieren,
funktionieren

In Gedanken
verstrickt

Grübeln,
Sorgen über
Zukünftiges

Bedauern,
Ärger über
Vergangenes

Druck,
Anspannung,
Unzufriedenheit

Machen, tun,
kontrollieren
wollen

Wir sind »in Gedanken«, wie es so treffend heißt. Hier halten sich viele Menschen den überwiegenden Teil des Tages auf – nicht absichtlich und bewusst, sondern gewohnheitsmäßig, als sei es gar nicht anders möglich. Unsere Gedankenwelt beansprucht den größten Part unserer Aufmerksamkeit für sich. Dazu gehören:

- unsere Pläne und Vorhaben, unsere mentale To-do-Liste,
- unsere Fantasien in Bezug auf die *Zukunft*:
  - manchmal angenehmer Art, weil wir vielleicht vom Feierabend oder dem nächsten Urlaub träumen,
  - häufiger jedoch in Form von Grübeleien, Sorgen und Zukunftsängsten,
- und unsere Kommentare über die *Vergangenheit*, meist in Form von Bedauern, Unzufriedenheit oder Ärger in Bezug auf das, was hinter uns liegt.

Wer beginnt, seinen Gedanken mehr bewusste Aufmerksamkeit zu widmen, stellt nicht selten fest, wie viel Unzufriedenheit dort herrscht. Schätzen Sie sich glücklich, falls es bei Ihnen anders ist. Für den Rest von Ihnen: willkommen im Club.

Es ist, als ob in unserem Kopf beständig ein Tonband mit negativen Kommentaren liefe, das uns so vertraut ist, dass wir es kaum bemerken – das uns aber nichtsdestotrotz enorm beeinflusst. Denn es färbt die Brille, durch die wir die Welt sehen. Kein Wunder also, dass wir uns so häufig angespannt und unter Druck fühlen. Und dass wir ständig bemüht sind, diesem Druck zu entkommen. Sei es, indem wir versuchen, noch mehr zu leisten, besser zu funktionieren, zu kontrollieren, was geschieht, oder indem wir uns ablenken und nach Zerstreuung suchen. Womit wir wieder beim Autopiloten wären.

Da sich die Gedanken beständig um das *Davor* oder *Danach* drehen, heißt das auch, dass wir mit unserer Aufmerksamkeit selten dort sind, wo unser Leben eigentlich stattfindet – nämlich in diesem Moment, jetzt, genau hier. Und weil wir nicht *hier* sind, verpassen wir das, was Thich Nhat Hanh unsere Verabredung mit dem Leben nennt.

Die gute Nachricht lautet:

> **Sie müssen nicht in Ihren Gedankenschleifen hängen bleiben. Sie können lernen, Ihre Aufmerksamkeit bewusst zu lenken.**

Die Scheuklappen absetzen

Als Menschen sind wir, gerade in der westlichen Welt, sehr kognitiv, verstandesmäßig geprägt. Unser enorm leistungsfähiges Frontalhirn, das uns seit Jahrtausenden wunderbare kulturelle Leistungen, fabelhafte Erfindungen und technische Errungenschaften ermöglicht, hat auch die Eigenschaft, ohne Unterlass Gedanken zu produzieren, und diese Gedanken ziehen üblicherweise den Großteil unserer Aufmerksamkeit auf sich. Um mit dem Leben direkt in Kontakt zu sein, braucht es jedoch keine rationale Gedankenkraft.

Der einfachste Weg, um das Leben in diesem Moment ganz unmittelbar zu erfahren, ist der Atem – was ungeheuer praktisch ist, denn den Atem haben Sie immer dabei.

»Bei jedem Atemzug stehen wir vor der Wahl, das Leben zu umarmen oder auf das Glück zu warten.«

Andreas Tenzer

Den Atem spüren

Wenn Sie mögen, dann setzen Sie sich so auf Ihrem Stuhl zurecht, dass Sie entspannt und zugleich aufrecht sitzen können. Schließen Sie die Augen und atmen Sie bewusst aus. Während der Atem jetzt aus Nase oder Mund aus- und wieder einströmt, tun Sie nichts weiter, als diesen Vorgang des Atmens mit Ihrer Aufmerksamkeit zu begleiten. Sie brauchen nicht anders zu atmen als sonst, brauchen den Atem in keiner Weise zu beeinflussen oder zu verändern. Wenn Sie ausgeatmet haben, beginnt die nächste Einatmung von ganz allein – und Ihre Aufmerksamkeit folgt dem Luftstrom, wie er durch die Nase einströmt, Ihren Körper füllt. Ihr Oberkörper dehnt sich, und einige Momente später verlässt der Atem Ihren Körper wieder, ohne dass Sie dafür etwas zu tun brauchen. Und Ihre Aufmerksamkeit bleibt einfach dabei – bei diesem Atemzug, der jetzt gerade geschieht. Und beim nächsten. Und beim nächsten. Wenn Ihr Gewahrsein abschweift, was es sicherlich tun wird, kehren Sie einfach wieder zum Atem zurück.

Bleiben Sie bei dieser Erfahrung des achtsamen Atmens für zwei oder drei Minuten oder solange Sie mögen. Achtsames Atmen ist eines der zentralen Elemente der Achtsamkeitspraxis.

Das Wunder
des bewussten Atmens

Körper, Geist und Psyche sind auf vielfältige Weise miteinander verbunden und stehen in Wechselwirkung. Das lässt sich am Atem besonders gut sehen. Er ist ein kraftvolles Werkzeug, da er direkt auf Ihr körpereigenes Entspannungssystem einwirkt. Eine ruhige, volle Atmung signalisiert Ihrem gesamten System: Alles in Ordnung, du bist in Sicherheit. Körper und Geist können sich entspannen. Eine flache, schnelle, angespannte Atmung, wie sie natürlicherweise in einer Gefahrensituation auftreten würde, signalisiert Ihrem Nervensystem genau das: Offensichtlich gibt es irgendein Problem. Viele von uns haben sich eine solche flache Atmung, die nur einen kleinen Teil des Lungenvolumen nutzt, unwissentlich angewöhnt. So entwickeln sich, oft über Jahre, unbewusste Verspannungen, mit denen sich der Körper vor vermeintlichen Gefahren schützen will. Mit einem angespannten Körper absichtlich tief atmen zu wollen, schafft allerdings eher mehr Anspannung. Sinnvoller ist es, die Bauchatmung (wieder) zu erlernen.

Wenn Sie ein Baby beim Atmen beobachten, sehen Sie, wie wir natürlicherweise atmen: Der Bauch bewegt sich rein und raus – der Bauch, nicht die Brust. Über diese »Bauchatmung«, die genau genommen eine Zwerchfellatmung ist, wird der Vagusnerv stimuliert: Das ist unser längster Hirnnerv, der vom Gehirn die Wirbelsäule entlangführt und den Teil unseres Nervensystems mitreguliert, der für Entspannung sorgt. Viele Erwachsene atmen gewohnheitsmäßig so flach, dass das Zwerchfell, das die Brust- von der Bauchhöhle trennt, beim Atmen kaum involviert ist. Diese Bewegung ist aber notwendig, damit über das Zwerchfell der Vagusnerv stimuliert werden kann – der natürliche Entspannungsmechanismus ist also oftmals unterbrochen.

BITTE AUSPROBIEREN

Brust- oder Bauchatmung?

Setzen Sie sich aufrecht auf einen Stuhl und legen Sie eine Hand auf die Brust, die andere auf Ihren Magen (oberhalb des Nabels, unterhalb der Rippen). Atmen Sie normal. Welche Hand bewegt sich?
Falls sich die obere oder beide Hände bewegen, atmen Sie in die Brust. Wenn sich die untere bewegt, atmen Sie tiefer. Mit ein bisschen Geduld können Sie sich die Bauchatmung wieder aneignen oder sie stärken.

Eine Möglichkeit, um dem Bauch mehr Raum zum Atmen zu geben, ist diese: Führen Sie beide Arme nach hinten, bis sich die Hände hinter dem Rücken oder hinter der Stuhllehne berühren. Entspannen Sie den Bauch, sodass sich der Magen nach vorne bewegen kann, wenn die Lunge sich beim Einatmen bis zum Bauchraum ausdehnt (und so über das Zwerchfell der Vagusnerv stimuliert wird). Entsteht jetzt mehr Bauch-Bewegung beim Atmen?

Falls nein, versuchen Sie es mit dieser Haltung: Heben Sie die Arme und verschränken Sie sie hinter dem Kopf. Damit öffnet sich der Brustraum und ermöglicht eine vertiefte Atmung.

....

Ein paar Vorschläge zur Bauchatmung und zum achtsamen Atmen

- Üben Sie die Bauchatmung zu Beginn dreimal am Tag für jeweils eine Minute. Wenn Ihnen das ohne Anstrengung möglich ist, folgen Sie dabei, so gut es geht, dem Fluss des Atmens mit Ihrer Aufmerksamkeit.
- Üben Sie eine Minute Bauchatmung, wenn Sie merken, dass Sie angespannt oder gestresst sind.
- Achten Sie auf Ihre Haltung beim Sitzen, besonders wenn Sie am Computer arbeiten.

Je aufrechter Sie sitzen, desto mehr Raum haben Sie zum Atmen.

- Üben Sie Bauchatmung und/oder achtsames Atmen im Bett, beispielsweise vor dem Einschlafen oder bei Schlafschwierigkeiten.
- Bevor Sie morgens in den Tag starten, bleiben Sie noch ein paar Momente liegen und schenken Sie sich drei achtsame Atemzüge. Genießen Sie die Wärme Ihres Bettes, einfach da zu sein und nichts tun zu müssen. Nachher kann sein, was will, aber jetzt: bloß hier sein. Bloß den Atem erleben.
- Ihr Atem ist immer für Sie da, nutzen Sie ihn als Möglichkeit, innezuhalten, zu sich selbst nach Hause zu kommen, den Körper und Ihre Lebendigkeit zu spüren.
- Schaffen Sie sich selbst kleine Signale, die Sie an das achtsame Atmen erinnern: Ihr Handyklingeln, ein Post-it am Spiegel, ein grün lackierter Fingernagel …
- Auch rote Ampeln und jede Form von Wartezeit (auf den Bus, im Stau, in der Schlange, bis der Wasserkocher kocht) können Sie als Achtsamkeitsglocke umdeuten: statt einer nervigen Verzögerung ein guter Moment, um zu sich zu kommen, zu atmen, Anspannung loszulassen.

Ohne diesen Luftstrom, der sich beständig durch unseren Körper bewegt, ist kein Leben möglich. Würden Sie länger als ein paar Minuten aufhören zu atmen, wäre Ihr Leben vorbei. Sie aber sitzen hier, lebendig, und atmen. Und ist das nicht tatsächlich ein Wunder? Ja, letztlich das größte Wunder von allen? *Ein einziger Atemzug, den Sie achtsam ein- und ausatmen, kann Sie bereits mit der Kostbarkeit des Lebens in Verbindung bringen.*

Ja, aber …

Vielleicht hört sich das in den Ohren mancher Leserinnen und Leser ein bisschen romantisch an, ein bisschen nach Weichzeichner und Rosamunde Pilcher. Falls das für Sie der Fall sein sollte, kann ich Sie verstehen. Ich erinnere mich, wie ich vor vielen Jahren ein Buch von Thich Nhat Hanh las, *Unsere Verabredung mit dem Leben* lautete der Titel. Es erzählte davon, wie wir durch achtsames Atmen, achtsames Gehen oder achtsames Essen eine tiefere Dimension des Lebens erfahren könnten und dass wir in jedem Moment unseres Tages eine Verabredung mit dem Leben hätten, aber für dieses Treffen meist nicht wirklich präsent seien. Das Büchlein war ziemlich dünn, und nach nicht einmal zwei Stunden Lektüre blätterte ich die letzte Seite um.

Es ließ mich stirnrunzelnd zurück, denn ich konnte nichts von dem, wovon es sprach, beim Lesen erleben. Tiefere Dimension des Lebens, nur durch ein paarmal ein- und ausatmen? Für meinen kritischen Verstand war das zu simpel. – Kein Wunder: Ich hatte nämlich das Lesen über Achtsamkeit mit dem Erleben von Achtsamkeit verwechselt.

Das Problem an einem Buch über Achtsamkeit ist, dass es mit Worten und damit über kognitive Wege etwas vermitteln will, was man *erfahren* muss. Etwas, das man nicht lernt oder erlebt, indem man ein Buch darüber liest, sondern nur, indem man es selbst ausprobiert.

Stellen Sie sich vor, Sie möchten Skifahren lernen. Dann ist es sicher nützlich, ein Buch darüber zu lesen oder sich von einem Freund etwas darüber erzählen zu lassen. Doch wie es sich wirklich anfühlt, auf Skiern zu stehen, wissen Sie erst, wenn Sie es ausprobieren.

Das Gute an Achtsamkeitspraxis ist, dass Sie anders als beim Skifahren keine aufwendigen Vorbereitungen treffen müssen. Sie brauchen kein spezielles Equipment, keinen besonderen Ort und keine bestimmte Jahreszeit. Sie können jederzeit anfangen. Jetzt.

Und ich möchte Sie einladen, das, was Sie hier lesen, nicht einfach so als gegeben hinzunehmen, sondern es für sich selbst zu überprüfen. Ich habe kein Rezept auf Lager, wie Sie in zehn Schritten garantiert glücklich werden. Was ich auf diesen Seiten zusammengetragen habe, hat mein eigenes Leben verändert, und ich sehe, dass es im Leben vieler meiner Kursteilnehmerinnen und Kursteilnehmer einen Unterschied macht. Ob das auch für Sie gilt, weiß ich nicht. Was sich dabei für Sie entwickelt, das können Sie nur selbst entdecken. Vielleicht nehmen Sie meine Worte für sich selbst zunächst als Arbeitshypothese.

Wenn Sie das kleine Experiment eben nicht mitgemacht haben, wäre daher mein Vorschlag, es jetzt zu tun und zurück zum Abschnitt *Bitte ausprobieren: Den Atem spüren* (S. 23) zu gehen.

Ja. Und …

Ein paar Tage nach der Krebsdiagnose meines Mannes war ich in der Mittagspause mit dem Fahrrad unterwegs. Meine Gedanken wirbelten durch Sorgen und Angstszenarien. *Was, wenn …* Die Ampel schaltete auf Rot und ich kam neben einem großen bepflanzten Steinkübel zu stehen. Mein Blick wanderte dorthin und zu einer kleinen blauen Blüte, auf die die Sonne fiel. Ihr tiefes Blauviolett leuchtete so satt, als wäre eine Tintenpatrone hineingelaufen. Ja, da war meine Angst um meinen Mann, *und* da war diese exquisite Schönheit, die vor dem Hintergrund meiner Angst fast noch heller zu strahlen schien. *Beides zugleich.* Dieser Moment hat sich mir tief eingeprägt – zu merken, wie beides im selben Augenblick präsent sein kann, wie nicht das eine das andere auslöscht: die Angst nicht die Blume und die Blume nicht die Angst. Wie ich beides in meiner Wahrnehmung halten und anerkennen kann.

Könnten wir statt des ständigen Entweder-oder mehr ein Sowohl-als-auch in unserem Blick auf das Leben zulassen?

Achtsamkeit führt nicht dazu, dass Probleme und Schmerz aus Ihrem Leben verschwinden. Sie eröffnet jedoch Wege, anders damit umzugehen. Vielleicht geht es nicht darum, frei von *etwas zu sein, sondern frei* mit *etwas.* Eine Freiheit zu entdecken, die auch inmitten von Schwierigkeiten existiert. Eine Kalligrafie von Thich Nhat Hanh, vor Jahren aus einem Buch herauskopiert, hängt seither über meinem Schreibtisch im Büro:

»Sei frei, wo immer du bist.«

Habe ich Zeit dafür?

Das schnelle Tempo unseres Alltags, unsere Betriebsamkeit, unsere Anspannung führen häufig dazu, dass wir achtlos an den Angeboten vorbeigehen, die uns das Leben macht. Dass wir sie übersehen oder für zu zeitintensiv halten. Wir denken vielleicht: »Ja, die haben gut reden, all die buddhistischen Mönche, Achtsamkeitslehrerinnen und Gelassenheitsapostel. Die müssten mal sehen, was ich alles schaffen muss, wie mein Alltagspensum aussieht!« Ja! Das stimmt! Und ich kenne dieses Gefühl selbst auch. Das Gute an Achtsamkeit ist, dass sie nicht außerhalb unseres Alltags stattfinden muss, sozusagen als Sonderveranstaltung. Wir können das, was wir ohnehin tun, genauso machen wie zuvor – mit einer zusätzlichen Zutat: mit Bewusstheit. Mit einer zugewandten, interessierten Bewusstheit für das, was jetzt gerade geschieht.

Stellen Sie sich vor, Sie haben eine Haushaltstätigkeit zu erledigen, eine, die Sie vielleicht nicht besonders schätzen, sagen wir, die Spülmaschine auszuräumen. *Achtsamkeit hat weniger damit zu tun, was wir gerade machen, sondern wie wir es machen, mit welcher Qualität an Aufmerksamkeit, mit welcher inneren Haltung, und wo unsere*

Gedanken dabei sind. Ich kann die Spülmaschine ausräumen und genervt sein, dass ich das jetzt auch noch erledigen muss, wo ich doch nichts lieber will als endlich aufs Sofa und mal die Beine hochlegen nach dem langen Tag. Das Geschirr vom Abendessen stapelt sich auch schon und ich finde Hausarbeit einfach grässlich. *Und warum bin ich eigentlich die Einzige hier, die sich um die Küche kümmert?*

In dieser Haltung will ich von dem, wo ich bin, möglichst schnell weg und hin zu etwas, was ich mir viel angenehmer vorstelle. Wie oft denken wir, dass wir möglichst schnell das erledigen müssten, was gerade ansteht, damit wir endlich zu dem kommen, was wir für unser »richtiges, eigentliches Leben« halten. Nur noch durchhalten bis zum Feierabend. Bis zum Wochenende. Bis zum nächsten Urlaub. Nicht nur, dass diese ersehnte Zeit uns häufig gar nicht so viel Befriedigung verschafft wie gedacht. Mit dieser Einstellung verpassen wir auch den Großteil unseres Lebens, das sich eben zum überwiegenden Teil aus diesen scheinbar uninteressanten Alltagsmomenten zusammensetzt.

Wie wäre es, bei dem, was wir gerade machen, wirklich anwesend zu sein, statt mit unseren Gedanken Öl aufs Feuer unserer Unzufriedenheit zu gießen?

Wenn ich ganz bei dem bin, was ich gerade tue, dann kann ich möglicherweise noch die Wärme der Tasse wahrnehmen, die in der Spülmaschine getrocknet wurde. Meine Bewegungen spüren, während ich mich zwischen Spülmaschine und Küchenschränken hin und her bewege. Über die Sicherheit und Präzision staunen, mit der meine Hand so exakt das Glas ergreift. Mich an ein paar simplen Tatsachen freuen, die mir selbstverständlich sind, für nicht wenige Menschen in anderen Teilen der Welt aber etwas Außergewöhnliches darstellen – zum Beispiel eine Spülmaschine zu *haben*, die einfach auf Knopfdruck das Geschirr spült, Teller, Gläser und Besteck in reichlicher Auswahl, genug Geld für die Elektrizität und für all das Essen, das ja der Grund ist, warum überhaupt schmutziges Geschirr anfällt.

»Glück macht uns nicht dankbar. Dankbarkeit macht uns glücklich.«

David Steindl-Rast

Abgelenktsein führt zu mangelndem Wohlgefühl

Die Harvard-Psychologen Matthew Killingworth und Daniel Gilbert untersuchten in einer Studie mit über 1000 Teilnehmern, wie sich Abgelenktsein auf die Lebenszufriedenheit im Alltag auswirkt. Dabei mussten die Teilnehmer über eine Smartphone-App regelmäßig rückmelden, was sie gerade taten, wo sie mit ihren Gedanken waren, und einschätzen, wie sie sich fühlten.

Es zeigte sich, dass ihr Wohlgefühl weniger davon abhing, mit welcher Tätigkeit sie beschäftigt waren, als davon, wie aufmerksam sie sich dem widmeten. Diejenigen, die im jeweiligen Moment bei der Sache waren, fühlten sich im Durchschnitt eindeutig besser als diejenigen, die abgelenkt waren – sogar dann, wenn sie die Tätigkeit, mit der sie beschäftigt waren, nicht angenehm fanden.

»Ein wandernder Geist ist ein unglücklicher Geist« betitelten die Forscher ihre 2010 veröffentlichten Ergebnisse.[*] Mit den Gedanken laufend anderswo zu sein ist also eher die Ursache für Unglücklichsein als dessen Folge. Denn unsere Gedanken, wie wir schon gesehen haben, neigen dazu, sich negativen Aspekten von Vergangenheit oder Zukunft zuzuwenden. Wenn wir unsere Aufmerksamkeit bewusst auf das lenken, was wir gerade tun, können wir diese Tendenz unterwandern und erleben mehr Wohlgefühl.

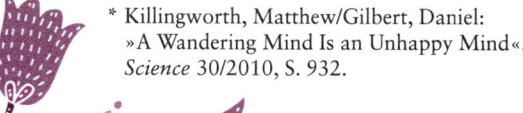

[*] Killingworth, Matthew/Gilbert, Daniel: »A Wandering Mind Is an Unhappy Mind«, *Science* 30/2010, S. 932.

Eine Alltagstätigkeit achtsam tun

Suchen Sie sich eine ganz alltägliche Tätigkeit, die Sie häufig ausführen. Zum Einstieg eignet sich gut etwas, wobei viele verschiedene Sinne eingesetzt werden, also Sehen, Hören, Riechen, Schmecken und Tasten oder Spüren.

Hier ein paar Vorschläge:
- sich das Gesicht eincremen
- duschen
- Kaffee oder Tee kochen
- eine Tasse Kaffee, Tee oder ein Glas Saft trinken
- Gemüse schneiden.

Entscheiden Sie sich für eine Sache und nehmen Sie sich vor, diese mit ganzer Aufmerksamkeit zu tun: so, als täten Sie sie zum allerersten Mal. Lassen Sie sich Zeit. Was gibt es dabei zu riechen, zu spüren, zu schmecken? Wie bewegen sich Ihre Hände? Welche Farben und Formen sehen Sie? Achten Sie auf kleine Details. Welche Geräusche entstehen bei Ihrem Tun? Wie fällt das Licht? Was spüren Sie unter Ihren Fingern?

Wenn Ihnen zwischendurch aufgeht, dass sich Ihre Aufmerksamkeit anderen Dingen zugewendet hat, dass Sie in Gedanken sind, dann brauchen Sie nichts weiter zu machen, als das zu bemerken und Ihren Fokus wieder auf Ihr Tun im gegenwärtigen Moment zu richten. Wie ist die unmittelbare Erfahrung? Nicht: Was denken Sie darüber, welche Meinung haben Sie dazu, sondern: Was erleben Sie – jetzt gerade in diesem Augenblick? Nutzen Sie Ihren Atem als Anker, der Sie immer wieder in die Gegenwart zurückbringt.

....

Staunen und wundern

Bewusst zu erleben, was jetzt gerade da ist, kann dazu führen, dass wir Dingen Aufmerksamkeit schenken, die wir normalerweise kaum bemerken, und dass sich etwas, das wir sonst als neutral erleben, in etwas Wunderbares verwandelt.

Haben Sie im Moment gerade Zahnschmerzen? Vermutlich nicht. Und ich nehme an, diese Tatsache ist Ihnen bislang auch kaum aufgefallen. Doch stellen Sie sich einmal vor, Sie hätten Zahnschmerzen. Wäre dann keine Zahnschmerzen zu haben nicht Ihr sehnlicher Wunsch? Endlich schmerzfrei zu sein, endlich dieses schreckliche Pochen und Stechen loszuwerden? Und in diesem wunderbaren Zustand befinden Sie sich schon die ganze Zeit. Mit Achtsamkeit, so betont Thich Nhat Hanh, wird es möglich, Dinge, die wir bislang als »nichts Besonderes« erlebt haben, neu zu entdecken.

> »Es gibt zwei Arten, wie Sie Ihr Leben leben können: Eine, als sei nichts ein Wunder. Die andere, als sei alles ein Wunder.«
>
> *Albert Einstein*

In unserer Gesellschaft ist cool zu sein erstrebenswert. Abgeklärt, lässig, weltmännisch: *Been there, done that* – »Weiß ich schon, hab ich alles schon erlebt … geschenkt«. Unbeeindruckt zu sein oder zumindest zu erscheinen wird kultiviert. Während Kleinkinder noch über jeden Regenwurm staunen, bemühen sich bereits die Kindergartenkinder um Souveränität: »Babykram« interessiert sie nicht mehr. Und diese Haltung stellen wir, während wir älter werden, selten infrage. Aber ist sie eigentlich sinnvoll? Bringen wir uns mit ihr nicht um all den Geschmack und Zauber, um das »Flirren auf den Wellen«, das das Leben ausmacht?

Achtsamkeitspraxis lädt uns ein, Staunen wieder zu kultivieren und weniger Dinge selbstverständlich zu nehmen. Der amerikanische Komiker Louis CK führt seinem Publikum in einem grandiosen Bühnenprogramm (das Sie, falls Sie Englisch sprechen, hier anschauen können http://vimeo.com/69662330) vor Augen, wie blind wir geworden sind, dass wir gigantische Wunder mit einem Schulterzucken abtun. Und mehr noch: Statt sie begeistert zu genießen, verbringen wir unsere Zeit damit, uns zu beschweren.

Stellen Sie sich vor, Sie setzen sich auf einen Stuhl, und dieser Stuhl erhebt sich auf einmal wie durch Zauberhand in die Lüfte. Sie fliegen wie ein Vogel. Sie überqueren Ozeane, durchstoßen dicke Wolkengebirge und entdecken, dass sich darüber stets ein strahlend blauer Himmel spannt. Als säßen Sie auf einem fliegenden Teppich, gelangen Sie in Gegenden, die Ihre Großeltern, vielleicht auch Ihre Eltern niemals gesehen haben. Und statt vor Erstaunen und Begeisterung in die Hände zu klatschen, was tun wir?

Wir beklagen uns darüber, dass wir im Flugzeug zu wenig Beinfreiheit haben.

Ob ich in einer Welt voll von Wundern lebe oder nicht, hat vielleicht vor allem mit der eigenen Einstellung zu tun. Nehme ich an, dass ich ein Anrecht habe auf all das, was mich umgibt? Dann richtet sich meine Aufmerksamkeit schnell auf das, was fehlt, und ich bin empört, dass die Welt mir nicht gibt, was mir doch zusteht. Oder freue ich mich immer wieder aufs Neue an den Geschenken, die vor mir ausgebreitet werden?

Achtsames Essen

»Anfängergeist« zu entwickeln, gilt in der Acht-samkeitspraxis als wichtiges Element auf dem Weg: die Dinge so zu tun, wie ein Anfänger es tut – jemand, der nicht überzeugt ist, er wüsste ja ohne-hin schon, wie es wird. Wie würde ich es erleben, diese Orange zu essen, wenn es die erste wäre, die ich je zu Gesicht bekommen hätte? Oder wenn ich sie äße, ausgedörrt und halb verhungert nach einem stundenlangen Marsch durch eine Wüste, und gastfreundliche Nomaden teilten sie aus ih-rem schmalen Vorrat mit mir?

Die Fähigkeit zum Staunen, zum Entdecken und Erforschen wird uns in jungen Jahren oft ausge-trieben, als kleines Kind besitzen wir sie noch. Vielleicht haben Sie Lust, sie wiederzufinden und zu kultivieren.

Essen eignet sich dazu besonders gut.

Nicht selten geschieht Essen eher nebenbei: Wir sind in ein Gespräch vertieft, lesen nebenher Zei-tung, schauen fern oder checken unsere E-Mails, wir kauen ein belegtes Brötchen auf dem Weg zum nächsten Termin oder gehen dabei innerlich unsere To-do-Liste durch. Wie schade, denn was geht uns dabei an Genuss und Fülle verloren!

Achtsam essen

Nehmen Sie sich für eine der nächsten Mahlzeiten ein kleines Experiment vor. Idealerweise reservieren Sie sich dafür etwas Zeit ganz für sich selbst und essen etwas, was Sie gerne mögen. Dabei spielt es keine Rolle, ob Sie einen Apfel verspeisen oder ein aufwendig zubereitetes Gericht. Erlauben Sie sich, in einen Modus entspannter Achtsamkeit zu wechseln. Es gibt nichts Bestimmtes zu erreichen oder richtig zu machen, sondern es geht darum, einfach zu erleben, was gerade geschieht. Wenden Sie sich dem Essen mit ganzer Aufmerksamkeit zu. Betrachten Sie es, nehmen Sie die Farben wahr, die Formen. Riechen Sie. Vielleicht gibt es etwas zu schälen oder zu tasten? Oder Sie nehmen das Gewicht und die Oberflächenbeschaffenheit des Bestecks in Ihren Händen wahr. Lassen Sie all Ihre Sinne wach werden. Möglicherweise läuft Ihnen schon das Wasser im Mund zusammen?

Nun der erste Bissen. Vielleicht haben Sie dieses Gericht schon hundertmal gegessen, unzählige Male in einen Apfel gebissen – aber dieser Moment jetzt, der ist neu und einmalig. Er war so, in dieser Form, noch nie da. Und wird es auch nie wieder sein. Seien Sie neugierig auf den Geschmack, auf das Gefühl an den Lippen, den Zähnen, der Zunge. Spüren Sie die Textur, die Konsistenz, die sich mit dem Kauen stetig verändert. Lassen Sie sich, wie man so schön sagt, den Geschmack auf der Zunge zergehen.

Während Sie weiteressen, mögen Sie sich vielleicht bewusst machen, dass das, was Sie zu sich nehmen, monatelang in der Sonne gereift ist, dass die Erde und der Regen es genährt haben, dass es Teil eines erstaunlichen Kreislaufs von Pflanzen, Tieren und Menschen ist. Wie viel Arbeit steckt in diesen Lebensmitteln, wie viele Menschen waren beteiligt, dass sie jetzt hier auf Ihrem Teller liegen? Bäuerinnen und Landwirte, Erntehelfer und Lastwagenfahrer, Menschen, die die Früchte der Erde weiterverarbeiten, Maschinen bedienen, Dinge verpacken und lagern, in Regale legen und über Ladentheken reichen, sie einkaufen und zubereiten.

Nur weil all diese Bedingungen zusammenkommen, liegt Essen auf Ihrem Teller. Wie wäre es, es so zu essen, dass Sie die Fülle, die in ihm enthalten ist, feiern? Den Genuss, die Schönheit, die Vielfalt, die in ihm stecken, auskosten?

Ein paar Ideen zum achtsamen Essen

- Falls Sie nicht ohnehin allein essen, schlagen Sie Ihrer Familie, Ihrem Partner oder anderen Mitspeisenden vor, die ersten fünf Minuten der Mahlzeit in Stille einzunehmen, um das Essen mit voller Aufmerksamkeit zu genießen.

- Essen Sie die ersten drei Bissen einer Mahlzeit in Achtsamkeit und erleben Sie den Geschmack, die Konsistenz, die sinnlichen Erfahrungen dabei ganz bewusst.

- Vielleicht entsteht dabei mehr Freude und Genuss, vielleicht aber auch nicht. Sie brauchen nicht versuchen, etwas künstlich zu erzeugen, was nicht da ist. Achtsamkeit nimmt das wahr, was da ist, und lässt es so sein, wie es ist.
- Machen Sie sich klar, wer alles dazu beigetragen hat, dass Sie essen, was Sie essen. Laden Sie Gefühle von Dankbarkeit und Verbundenheit ein, wenn Sie mögen.
- Kauen Sie zu Ende, bevor Sie den nächsten Happen auf die Gabel schieben. Unsere Aufmerksamkeit huscht so schnell voraus, dass wir oft mit unseren Gedanken schon beim nächsten Bissen sind, statt den auszukosten, den wir gerade im Mund haben. Legen Sie zwischendurch das Besteck zur Seite.
- Genießen Sie den Reichtum der sinnlichen Wahrnehmung: den cremigen Joghurt auf der Zunge, das frische Brot zwischen den Zähnen, das kühle Metall des Löffels an den Lippen.
- Fragen Sie sich manchmal, was Sie eigentlich gerade kauen: Ihr Essen – oder aber Ihre Sorgen, Ihre Pläne? Käuen Sie vielleicht etwas wieder, was schon längst vorbei ist?
- Wenn Sie etwas auf dem Teller haben, was Sie nicht so gerne mögen, experimentieren Sie: Wie wäre es, diesen Bissen mit Anfängergeist

zu kauen? Wenn ich »weiß, dass ich Rosenkohl nicht mag«, dann ist dieses Wissen in erster Linie eine Erinnerung. Ich erinnere mich daran, dass ich ihn zu einem früheren Zeitpunkt nicht mochte. Doch wie schmeckt er tatsächlich jetzt, in diesem Moment? Das heißt nicht, dass ich Rosenkohl hinterher unbedingt lecker finden muss. Vielleicht mag ich ihn immer noch nicht. Doch möglicherweise erwartet mich eine Überraschung. Und die Entdeckung, dass meine Gedanken über etwas und die tatsächliche Erfahrung nicht dasselbe sind.

- Lassen Sie sich Zeit. Selbst wenn Sie unterwegs ein Sandwich essen, gäbe es die Möglichkeit, sich einen Moment hinzusetzen? Machen die zusätzlichen fünf Minuten einen realen Unterschied in Ihrem Zeitplan?
- Auf der CD *Achtsamkeit für Anfänger* von Jon Kabat-Zinn finden Sie eine wunderbar angeleitete Übung zum achtsamen Essen. Auch auf Youtube finden Sie eine Anleitung dazu unter »Achtsam eine Rosine essen«.

Mit allen Sinnen dabei, mit allem verbunden

Achtsames Essen kann viele positive Wirkungen entfalten. Vielleicht erfahren Sie manche davon unmittelbar, andere mit der Zeit, andere auch gar nicht. Ich persönlich erlebe mehr Genuss, nehme den Geschmack intensiver wahr, und Essen wird für mich selbst immer öfter zum Freudenfest. Je aufmerksamer und genießerischer ich kaue, desto besser spüre ich, was mir bekommt (und was vielleicht weniger) und wann ich satt bin. Mein Körper dankt es mir, wenn ich Essen weniger hektisch und nur halb zerkaut herunterschlinge, was sich letztlich auch auf der Waage auswirkt. *Essen lässt sich so erleben als eine Zeit, um aufzutanken, mit mir selbst und dem Leben in Kontakt zu sein.*

Je mehr ich mir bewusst werde, dass ich mir beim Essen auf unmittelbare Weise die Welt einverleibe, sie ganz konkret zu meinem Körper *wird*, dass ich Teil dieses unendlichen Kreislaufs der Natur bin, desto folgerichtiger fühlt es sich oft an, bewusst einzukaufen und meine Entscheidung, was ich esse, nicht nur davon abhängig zu machen, worauf ich Lust habe oder was gerade besonders preiswert oder praktisch zu konsumieren ist. Und zwar nicht aus einem Gefühl heraus, mich zu beschneiden, sondern gerade weil ich für die Fülle der Schöpfung so dankbar bin. Und weil ich sehe, dass meine Handlungen und Entscheidungen konkrete Konsequenzen haben. Achtsamkeit bedeutet für mich auch, genau hinzuschauen: Wie können wir Lebensmittel auf eine Weise produzieren, einkaufen, kochen und genießen, dass diese Fülle erhalten bleibt und möglichst wenig Schaden angerichtet wird – für die Umwelt, das Klima, den Boden, die Erde, die Tiere und die Menschen?

Und manchmal geht es mir so, dass mir die Fülle, in der ich lebe, fast schmerzhaft bewusst wird, weil ich weiß, für wie viele andere Menschen ein solcher Überfluss unerreichbar, ja unvorstellbar ist.

Wenn sich dieses Bewusstsein in veränderte Lebens- und Konsumgewohnheiten übersetzt, ist das hilfreich. Weniger hilfreich ist ein schlechtes Gewissen, das sich bloß in Bedrücktheit niederschlägt und dem Gefühl, man dürfe nicht genießen, was einem geschenkt wird. Wenn ich mich des Lebens freue und mit dieser wunderbaren Tasse cremigem Cappuccino in der unverschämt warmen Frühlingssonne sitze, erinnere ich mich gerne daran, diesen Genuss zu teilen. Ich genieße ihn in vollen Zügen – weil er etwas Besonderes ist. Und ich teile meinen Genuss innerlich mit anderen. Ich sende ihn aus an alle, die es gerade schwer haben, und wünsche mir, dass ich, indem ich den Genuss so wertschätze, ihn vermehre und andere daran teilhaben mögen.

2

Sich dem zuwenden, was da ist

Ein Mann, der ruhigen Schrittes auf einer Straße entlanggeht, wird von einem Reiter überholt, der auf einem galoppierenden Pferd an ihm vorbeirast. »Wo reiten Sie denn so schnell hin?«, ruft ihm der Mann hinterher. »Das weiß ich nicht«, schreit der Reiter zurück, »das müssen Sie das Pferd fragen!«

Das galoppierende Pferd

Auf den ersten Blick wirkt die kleine Geschichte vielleicht lustig, doch könnte uns das Lachen auch im Hals stecken bleiben. Sie bringt etwas zum Ausdruck, was wohl die meisten von uns gut kennen: Thich Nhat Hanh erzählt sie gern, um etwas zu verdeutlichen, was er *Gewohnheitsenergie* nennt. Die Gewohnheitsenergie ist das Pferd, das uns mitreißt, unser Autopiloten-Modus.

Wir sind es so gewohnt, uns auf eine bestimmte Weise zu verhalten, dass wir oftmals nicht mehr infrage stellen, ob das eigentlich nötig ist.

Lassen Sie mich das an einem Beispiel aus meinem eigenen Leben verdeutlichen. Seit vielen Jahren besuche ich einmal jährlich die Frankfurter Buchmesse: große Messehallen, in denen Tausende von Büchern präsentiert werden, dichte Trauben von Menschen, die sich durch die engen Gänge schieben. Dazwischen ich auf dem Weg von einem Termin zum nächsten.

Nachdem zwischen den Ständen der einzelnen Verlage, mit denen ich im Vorfeld Termine ausgemacht habe, zum Teil lange Wegstrecken liegen und die Termine dicht aufeinander folgen, spüre ich Druck, wie ich es schaffen kann, pünktlich zu sein. Früher sah das so aus: Mit grimmig zusammengezogenen Augenbrauen versuche ich, mich möglichst schnell durch die Menschenmengen zu schieben. Die machen sich da gemütlich in den Gängen breit, blättern entspannt in Büchern und unterhalten sich lustig. Wie kann man nur so im Weg herumstehen und andere Leute aufhalten? »Aus dem Weg«, möchte ich am liebsten knurren, »ich bin doch schließlich nicht zum Vergnügen hier – wie offensichtlich ihr alle. Ich *arbeite* schließlich!« Natürlich habe ich das nie laut von mir gegeben, aber Sie kennen vielleicht dieses Gefühl, dass alle anderen nur dazu da sind, um einen aufzuhalten und zu ärgern.

Meine Gewohnheitsenergie war also in vollem Gange. Natürlich stimmt es, dass die Wege weit waren und ich gerne pünktlich beim nächsten Termin sein wollte. Das war manchmal aber einfach nicht zu schaffen. Und meine innere Anspannung und meine gehetzten Schritte brachten mir auf den ganzen Tag gesehen vielleicht 112 Sekunden Zeitgewinn ein – wenn's hochkommt. Wozu all das allerdings enorm beitrug, waren Stress, ungute Gefühle und dass ich am Abend, wenn andere Verlagsleute sich zu Messeempfängen und Partys verabredeten, oft völlig erschlagen ins Bett fiel.

Nachdem ich mit Achtsamkeitspraxis in Kontakt gekommen war, begann ich überhaupt erst zu bemerken, was da in mir vor sich ging. Wie angespannt mein Magen bereits war, wenn ich mich von einem Gesprächspartner verabschiedete in dem Wissen, wie wenig Zeit mir blieb, um zum nächsten Termin zu kommen. Wie mein Blick auf die Menschen in den engen Gängen immer unfreundlicher wurde. Wie ich mich selbst für wichtiger nahm als alle anderen. Wie viel von meinem Stress hausgemacht war.

Achtsamkeitspraxis kann in so einem Moment helfen, sich selbst die Frage zu stellen: Muss das eigentlich so sein? Gibt es andere Möglichkeiten, mit der Situation umzugehen? Kann ich von dem Pferd absteigen?

Natürlich ist es sinnvoll, im Vorfeld zu schauen, ob sich die Situation entspannen lässt, in diesem Fall etwa so zu planen, dass der Terminplan nicht ganz so vollgepresst ist. Das lässt sich mal leichter, mal weniger leicht bewerkstelligen. Manchmal haben wir auf die äußeren Umstände wenig Einfluss. Doch unabhängig davon ist es ebenso entscheidend, im jeweiligen Moment zu erkennen, dass wir nicht gezwungen sind, uns auf eine bestimmte Weise zu verhalten – auch wenn es sich noch so gewohnt und selbstverständlich anfühlt.

Achtsamkeit ist es, was uns ermöglicht, innezuhalten, zu merken, was gerade passiert, und zu entscheiden, wie wir mit uns und mit der aktuellen Situation umgehen wollen. Auf meinen Wegen von einem zum anderen Messetermin mache ich mir mittlerweile klar, dass es hier kein Rennen gibt, das ich gewinnen muss. Dass es okay ist, wenn ich, ebenso wie die meisten anderen Verlagsleute auf Termin, nicht jedes Mal auf die Minute pünktlich bin. Nicht, weil ich gleichgültig oder respektlos meinem Gesprächspartner gegenüber wäre. Ich tue in gesundem Maße das Beste, was ich kann – und ich erlaube mir Gelassenheit. Ich sehe, dass die anderen Menschen in den Gängen einfach nur das tun, wofür die Messe da ist, nämlich sich über Bücher zu informieren und mit anderen ins Gespräch zu kommen. Und dass ich kaum später, dafür aber deutlich entspannter und besser gelaunt bei meinem nächsten Termin ankomme, wenn ich meine innere Haltung verändere – wenn ich mit mehr Wohlwollen auf die anderen schaue und mit mehr Humor auf mich und mein Pferd, das aus Gewohnheit schon wieder vorwärtspreschen will.

BITTE AUSPROBIEREN

Von welchem Pferd lassen Sie sich mitreißen?

Wovon wir besonders stark getrieben werden, ist nicht für jeden Menschen gleich. Doch fast jeder von uns kann mit ein bisschen tieferem Schauen einen inneren Antreiber erkennen. Sein Mantra lautet üblicherweise: *nicht gut genug, nicht schnell genug* oder ganz einfach: *NICHT GENUG!* Auf eine ganz grundsätzliche Weise reicht das, was wir tun, wie wir sind oder wie die Welt ist, nach seinen Maßstäben nicht aus. Es lohnt sich, sich mit dieser inneren Stimme ein wenig zu beschäftigen, mehr über sie zu erfahren. Wenn wir sie nicht kennenlernen, haben wir auch keine Chance, anders mit ihr umzugehen.

- Wo spüren Sie die Gewohnheitsenergie, die Ihnen besonders zusetzt, im Körper?
- Wie macht sie sich bemerkbar? Durch bestimmte Gedanken? Einen Gefühlszustand? Körperliche Symptome?
- In welchen Situationen tritt sie üblicherweise auf?
- Wie verhalten Sie sich dann? Tun Sie etwas, was Sie hinterher bereuen? Verdüstert sich Ihre Stimmung? Vermeiden Sie bestimmte Situationen, tun Sie Dinge nicht, die Sie eigentlich gerne tun wollten?

Schauen Sie, ob es möglich ist, neugierig zu sein darauf, was es zu sehen gibt, auch wenn es vielleicht nicht angenehm sein mag. Auch unsere ungeliebtesten inneren Seiten sind ursprünglich aus gutem Grund in unserer Psyche entstanden: um uns an irgendeinem Punkt in unserer Entwicklung zu helfen, mit Schwierigkeiten klarzukommen. Was geschieht, wenn Sie einmal hypothetisch annehmen, dass Ihr innerer Antreiber etwas Positives für Sie im Sinn hat, selbst wenn die Strategie, die er dabei verfolgt, destruktiv ist? Welche positive Absicht könnte er haben, wozu versucht er möglicherweise beizutragen?

Ein freundliches HALLO

Wie können wir dieses Pferd dazu bringen, langsamer zu werden oder unser Leben weniger stark zu kontrollieren? Wie können wir selbst wieder die Zügel in die Hand nehmen und entscheiden, in welcher Geschwindigkeit und in welche Richtung wir reiten wollen?

Die Kräfte, die das Pferd zum Laufen bringen, sind ausgesprochen machtvoll. Es wird getrieben von allgemein menschlichen Eigenschaften wie die Tatsache, dass unser Geist grundsätzlich nach Problemen Ausschau hält und unseren Körper damit in Anspannung versetzt (darauf werden wir später noch zu sprechen kommen), Botschaften aus unserer Erziehung, verinnerlichte und nie infrage gestellte Glaubenssätze sowie kulturelle und gesellschaftliche Ansprüche, etwa an Effizienz, Perfektion und Leistung.

Es hat wenig Sinn, das Pferd oder den inneren Antreiber zu beschimpfen oder zu kritisieren. Hilfreicher ist es, solche Kräfte freundlich einzuladen, einen Moment stehen zu bleiben, zum Beispiel mit einem freundlichen HALLO. Diese fünf Buchstaben können Sie daran erinnern, innezuhalten und sich bewusst zu werden, was gerade passiert.

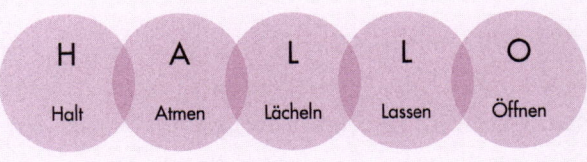

H A L L O
Halt   Atmen   Lächeln   Lassen   Öffnen

Halt!

Der entscheidende erste Schritt ist innezuhalten – wenn möglich konkret körperlich, vor allem aber innerlich, mental. Legen Sie eine Pause ein. Kommen Sie zu sich. Das ist oft gar nicht so leicht, so sehr sind wir getrieben von unseren Gedanken, unserem Tun, unserem Erreichenwollen, von der Fahrt, die die Gewohnheitsenergie vielleicht schon aufgenommen hat. Daher hilft es, einen bewussten Atemzug zu nehmen.

Atmen

Es ist kein Zufall, dass »Erst einmal tief durchatmen« als Ratschlag ganz oben steht, wenn es gilt, eine aufgeregte Situation zu beruhigen – denken Sie an die Effekte der Bauchatmung. Je angespannter wir uns fühlen, desto flacher und schneller wird auch unser Atem. Bewusst zu atmen hilft uns zu merken, wie es uns eigentlich gerade geht, uns überhaupt wieder zu spüren: Atmen verbindet auf ganz unmittelbare Weise unseren Körper mit unserem Geist, sodass wir aus unserer getriebenen Gedankenwelt, die sich üblicherweise mit Vergangenheit oder Zukunft beschäftigt, mit »Sollte«, »Müsste« oder »Hätte ich bloß«, aussteigen und etwas Abstand gewinnen können.

Lächeln

Lächeln unterstützt uns zusätzlich dabei, Anspannung loszulassen und freundlicher auf uns selbst und die Situation zu schauen. Gibt es die Möglichkeit, die Sache ein bisschen weniger ernst oder grimmig zu betrachten?

Mit Lächeln ist nicht gemeint, etwas Schwieriges zu verniedlichen. Es ist kein süßliches oder höfliches Lächeln im Sinne von »Ist ja nicht so schlimm, macht gar nichts«. Eher ist es, was manchmal auch das »Halblächeln des Buddha« genannt wird, so wie man es häufig auf asiatischen Statuen sieht: Darin drückt sich eine Weisheit aus, die gelassen die Tatsachen anerkennt.

Lassen

Statt gegen die Realität des gegenwärtigen Moments anzukämpfen, lasse ich zu, dass es jetzt gerade so ist, wie es ist – zumal ich ohnehin nichts daran ändern kann, denn jetzt ist es ja so: Es regnet ja bereits, der Zug ist mir schon vor der Nase weggefahren, der peinliche Versprecher in der Präsentation ist mir ja gerade unterlaufen. Das heißt nicht, dass ich nicht zu einem späteren Zeitpunkt, in drei Minuten oder vielleicht auch schon in einer, möglicherweise etwas tue, um eine Veränderung herbeizuführen, mit der ich besser leben kann. Doch in diesem Moment lasse ich zu, dass die Gegebenheiten so sind, wie sie sind. Ich lasse es so sein. Das gilt auch und insbesondere für meine eigene Gefühlswelt. Ich lasse auch mich sein, wie ich bin – egal ob traurig, frustriert, wütend … Ich kämpfe weder gegen die Welt noch gegen mich und mein Erleben.

Öffnen

Durch Innehalten, Atmen, Lächeln und Lassen entsteht Freiraum. Sobald ich nicht mehr versuche, gegen das Ungewollte zu kämpfen (was wirkungslos bleiben würde, da es ja bereits eingetreten ist), kann ich die so frei werdende Energie sinnvoll einsetzen. Ich kann mich öffnen für etwas, was man vielleicht die eigene innere Weisheit nennen könnte, und so genauer auf die vor mir liegende Situation blicken. Was wäre hilfreich? Was möchte ich jetzt tun (oder nicht tun)? Möchte ich das Pferd in eine andere Richtung lenken (statt es in der bisherigen weiterrasen zu lassen)? Will ich absteigen und eine Pause machen? Was ist jetzt angemessen?

HALLO schafft etwas Abstand, sodass Sie den Handlungsspielraum nutzen können, der sich immer dann auftut, wenn wir uns erinnern, dass wir keine Automaten sind, die einfach nur funktionieren. Ohne diesen Raum reagieren wir schnell in altbekannten und eingefahrenen Handlungsmustern, die nicht immer zu unserem eigenen Vorteil sind. Statt automatisch zu *reagieren*, können Sie bewusst entscheiden, wie Sie *agieren* wollen.

Ein paar Forschungsergebnisse zum Lächeln

Lächeln entspannt durch die Ausschüttung von neurochemischen Stoffen wie Dopamin und Endorphinen die körpereigene Stressreaktion. Untersuchungen zeigen, dass die körperlichen Bewegungen des Lächelns, unabhängig davon, was die Person tatsächlich fühlt, dazu führen, dass sie die Welt positiver einschätzt. Lächeln und die guten Gefühle, die daraus entstehen, führen zu »Annäherungsverhalten«, was einfach bedeutet, dass man den Gelegenheiten, die sich einem bieten, mehr Aufmerksamkeit schenkt, dass man seine Träume und Ziele mit mehr Selbstvertrauen verfolgt und sich anderen leichter zuwendet. Lächeln ist ansteckend und wirkt sich daher direkt auf die Beziehung zu Ihrem Gegenüber aus.

Gute Gefühle aktivieren das Frontalhirn: Die Chancen auf einen Perspektivwechsel, Klarheit und Reflexionsfähigkeit steigen. Angst und Stress hingegen führen zu einer verstärkten Tätigkeit der Schaltkreise im Gehirn, die mentale Enge und automatisierte Reaktionen auslösen. Das sind die evolutionär älteren Gehirnareale in uns, die wir mit den Reptilien teilen: Unter Angst und Stress schalten wir unwillkürlich in den Kampf-oder-Flucht-Modus.

Schlüssel zur Achtsamkeit: der Körper

Ganz zentrale Schlüssel, um vom »Autopilot« in einen Modus von Achtsamkeit zu kommen, sind in HALLO schon enthalten: innehalten, den Atem spüren, mit Freundlichkeit auf mich und die Situation schauen, anerkennen, dass es gerade ist, wie es ist. Ich öffne mich dem gegenwärtigen Augenblick, wende mich ihm zu. Auch den Körper zu spüren hilft, im Jetzt anzukommen. Er zeigt uns oft an, wie es uns eigentlich geht. Vielleicht sendet er schon längst Signale von Anspannung, Müdigkeit oder dass wir über unsere Grenzen gehen, doch wir sind so in unser Kopfkino verstrickt, dass wir

Innehalten

So sein lassen

Atem

Schlüssel zur Achtsamkeit

Bemerken Zuwenden

Freundlichkeit

Körper

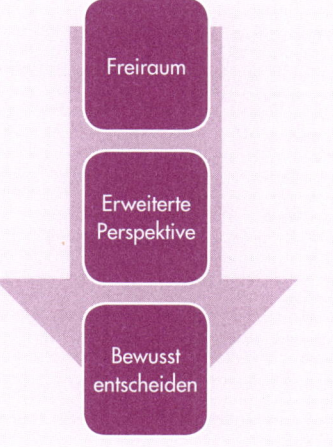

Freiraum

Erweiterte Perspektive

Bewusst entscheiden

ihn gar nicht wahrnehmen. *Sobald wir körperliche Empfindungen bewusst wahrnehmen, sind wir automatisch im Jetzt, denn nur dort können wir den Körper überhaupt spüren.*

Wenn es dann gelingt, uns dem, was wir erleben, mit Offenheit zuzuwenden, können Freiraum und eine erweiterte Perspektive entstehen, aus der heraus wir uns eher bewusst entscheiden können, wie wir mit der Situation umgehen möchten.

BITTE AUSPROBIEREN

Den Körper spüren

Setzen Sie sich so auf einen Stuhl, dass Sie entspannt und zugleich aufrecht sitzen können. Legen Sie die Hände auf die Oberschenkel und schließen Sie die Augen. Folgen Sie ein paar Momente dem Fluss Ihres Atems: Erleben Sie die ganze Länge der Einatmung, die ganze Länge der Ausatmung, die Pause dazwischen.

Richten Sie Ihre Aufmerksamkeit auf Ihren Körper. Was nehmen Sie wahr? Ist Ihnen warm oder kalt? Wo berührt Ihr Körper die Unterlage, die Lehne, den Boden? Wie fühlt es sich dort an? Gibt es Empfindungen von Druck, von Gewicht? Spüren Sie die Kleidung auf der Haut?

Schauen Sie, wie es möglich ist, Ihren ganzen Körper zu spüren: die Hautoberfläche, aber auch das Innere des

Körpers. Seien Sie neugierig, was sich zeigt. Vermutlich entdecken Sie angenehme ebenso wie unangenehme Empfindungen und solche, die sich eher neutral anfühlen. Erwarten Sie nichts Bestimmtes, lassen Sie einfach alles so sein, wie es ist.

Wenn Sie eine Stelle bemerken, die sich angespannt oder unangenehm anfühlt – ist es möglich, die Empfindung zu spüren, ohne sie gleich zu bewerten oder loswerden zu wollen? Was geschieht, wenn Sie sich ihr zuwenden, sie da sein lassen, vielleicht sogar mit Neugier? *(Wie fühlt es sich in diesem Moment genau an?* statt: *Welche Meinung habe ich darüber?)* Womöglich auch mit Freundlichkeit, mit einem Lächeln?

Bemerken Sie, wie immer wieder andere Empfindungen in das Feld Ihrer Aufmerksamkeit treten, wie immer wieder etwas Neues in Ihrem Bewusstsein auftaucht, eine Zeit lang da ist, sich vielleicht verändert und irgendwann von einer neuen Erfahrung abgelöst wird.

Bleiben Sie mit Ihrer Aufmerksamkeit bei den körperlichen Empfindungen, solange Sie mögen. Wenn Sie zwischendurch von Gedanken abgelenkt werden, seien Sie sich bewusst, dass das völlig normal ist. Bemerken Sie schlicht, dass da gerade Gedanken präsent sind, und entscheiden Sie sich bewusst, die Aufmerksamkeit wieder auf den Körper zu lenken.

Wenn Sie so weit sind, öffnen Sie wieder die Augen.

....

Ein paar Vorschläge, um mit dem Körper in Kontakt zu sein

- Lenken Sie möglichst oft die Aufmerksamkeit in Ihre Füße. Sie sind am weitesten vom Kopf entfernt, wo die Aufmerksamkeit üblicherweise so schnell hinrutscht. Erden Sie sich dort, besonders wenn Sie sich gestresst oder unwohl fühlen. Spüren Sie Ihre Fußsohlen auf dem Boden.

- Nehmen Sie eine »Achtsamkeitsdusche«: Ihre aufmerksame Präsenz fließt über und durch Ihren ganzen Körper. Beginnen Sie beim Kopf und schenken Sie allen Körperteilen nacheinander Ihre freundliche Aufmerksamkeit.

- Achtsamkeit lässt sich wunderbar mit sportlichen Aktivitäten oder Körperarbeit verbinden, vor allem, wenn es regelmäßige oder langsame Bewegungen sind, die Ihnen erlauben, mit der Aufmerksamkeit dabei zu bleiben: Laufen, Wandern, Radfahren, Schwimmen, Yoga, Tai Chi, Qi Gong, Tanzen …

- Begrüßen Sie Ihren Körper morgens im Bett mit einem Lächeln. Freuen Sie sich daran, wie meisterhaft er konstruiert ist, was er Ihnen an Bewegungsmöglichkeiten schenkt. Wenn Sie Lust haben, mit den Zehen zu wackeln, führt Ihr Körper diesen Wunsch mühelos aus. Senden

Sie Dankbarkeit, Wärme oder liebevolle Energie an Körperteile oder Organe, die Heilung benötigen.

- Schmerzen oder Anspannung nicht spüren zu wollen ist verständlich, dagegen zu kämpfen macht sie allerdings schlimmer, da wir uns dann noch mehr anspannen. Schauen Sie, wie es möglich ist, sich auch unangenehmen Körperempfindungen mit Freundlichkeit zuzuwenden, sie so sein zu lassen, wie sie sind – und wenn es nur für einen Moment ist.

Sich dem zuwenden, was da ist

Achtsamkeit wendet sich dem zu, was jetzt gerade da ist – ohne etwas Bestimmtes zu erwarten, ohne das, was ich wahrnehme, sofort zu bewerten oder gleich verändern zu wollen. Wenn es etwas Angenehmes ist, genieße ich es – weil ich weiß, dass es ein Geschenk ist und auch wieder vergehen wird. Wenn es etwas Unangenehmes ist – kann ich annehmen, dass es jetzt ist, wie es ist?

Achtsamkeit wird leicht missverstanden. Gemeint ist nicht, dass man stets heiter, geduldig und verständnisvoll sein müsste, dass man alles passiv annimmt und nie mehr wütend oder gestresst ist. Achtsamkeit heißt nicht, dass man jederzeit gelassen und entspannt auf Wolke sieben lächelnd über den Dingen schwebt. Achtsamkeit heißt, sich dem zu widmen, was gerade da ist – dem, was in diesem Moment außerhalb von mir geschieht, aber vor allem auch innerhalb von mir.

Sich dem Schönen zuzuwenden, wenn es da ist. Sich dem Schwierigen zuzuwenden, wenn es da ist.

> **Ich erkenne an,
> dass es ist,
> wie es ist.**

Die Frage ist nicht, ob mir das Schwierige gefällt. Ich muss es nicht mögen. Aber es ist nun einmal da. Die Frage ist: Wie will ich damit umgehen?

Wenn Sie sich traurig oder angespannt fühlen, heißt Achtsamkeit nicht, das »wegzumeditieren« oder »wegzuatmen«. Es heißt, so gut es geht, präsent dafür zu sein, so weit, wie das jetzt gerade möglich ist, mit zugewandter Aufmerksamkeit, mit Mitgefühl und Respekt für sich selbst, und zu schauen, was aus dieser Begegnung heraus entsteht.

Ist das leicht? Nein.
Braucht das Übung? Ja.

Macht das das Leben reicher, lebendiger, verbundener? Bitte prüfen und entdecken Sie das für sich selbst.

Achtsamkeit ist nicht passiv oder resignativ. Achtsamkeit lässt einen Raum entstehen, den der jüdischstämmige Psychiater Viktor Frankl, der das Konzentrationslager überlebte, den Raum unserer Freiheit nannte.

> »Zwischen Reiz und Reaktion liegt ein Raum. In diesem Raum liegt unsere Macht zur Wahl unserer Reaktion. In unserer Wahl liegen unsere Entwicklung und unsere Freiheit.«
>
> *Viktor Frankl*

Skigymnastik oder: konzentriert üben

Wer anfängt, die Haltung der Achtsamkeit im Alltag zu kultivieren und umzusetzen, wird vermutlich merken, wie leicht es ist, genau dieses zu vergessen. Wir sind das Leben im Autopiloten so gewohnt, das Gewohnheitspferd trabt so vertraut seinen altbekannten Pfad, dass wir häufig erst, wenn es längst wieder im Stall steht, merken, dass wir im Sattel eingeschlafen waren.

Es ist daher sinnvoll, neben der Achtsamkeitspraxis im Alltag Zeit für konzentriertes Üben zu schaffen. Das ist ein bisschen so, als würden Sie neben dem Skifahren auch zur Skigymnastik gehen, um Ihre Oberschenkel zu trainieren – denn dann fährt es sich leichter!

Eine Übung möchte ich Ihnen dafür besonders ans Herz legen: die Sitzmeditation mit dem Fokus auf den Atem. Deutlich leichter als aus einem Buch lässt sie sich allerdings in einem Kurs oder von einer CD erlernen, weswegen ich hier nur eine Kurzversion vorstelle (siehe S. 66).

Empfehlenswert

Achtsamkeitslehrer und -lehrerinnen, die beispielsweise das alltagsnahe Acht-Wochen-Programm
»Stressbewältigung durch Achtsamkeit« unter-
richten, finden Sie nach Postleitzahlen geordnet
über die Homepage des MBSR-Verbands
www.mbsr-verband.org. Wissenschaftliche Studien
bestätigen die Wirksamkeit dieses Programms.
Im Kurs werden verschiedene Formen von Acht-
samkeitsmeditation im Sitzen, Liegen, Gehen und
in Bewegung vermittelt.
Im Anhang finden Sie darüber hinaus eine
Literaturliste zur vertiefenden Lektüre und Tipps für
CDs mit geführten Meditationen.
Es gibt an vielen Orten Meditationsgruppen und
hochqualifizierte Lehrer und Lehrerinnen verschie-
dener spiritueller Schulen, die Sie beim Erlernen
von Meditation oder in der Praxis der Achtsamkeit
begleiten können. Lassen Sie bei der Auswahl
gesunden Menschenverstand walten und hören Sie
auf Ihr Bauchgefühl. Wenn Sie sich nicht wohlfüh-
len oder auf Ihre Fragen keine nachvollziehbaren
Antworten erhalten, sehen Sie sich anderswo um.

Eine-Minute-Meditation

Sitzen Sie so aufrecht und zugleich bequem wie möglich und so, dass Ihre Haltung Ihnen ein Gefühl von Würde gibt. Schließen Sie die Augen oder senken Sie den Blick. Lenken Sie Ihre Aufmerksamkeit auf den Atem. Stellen Sie sich vor, Sie wären kein Weintester, sondern ein Atemtester. Wie »schmeckt« dieser Einatem, dieser Ausatem? Wie ist die körperliche Empfindung dabei? Sie brauchen nicht anders zu atmen als sonst, lassen Sie den Atem so sein, wie er gerade ist. Erleben Sie jeden Atemzug von seinem Beginn bis zum Ende, auch die Pause dazwischen. Ihre Aufmerksamkeit wird früher oder später abschweifen. Sobald Sie das bemerken, kommen Sie einfach wieder zum Atmen zurück, ohne sich einen Vorwurf zu machen. Und wieder. Und wieder. Genau hier üben Sie die zentralen Elemente der Achtsamkeitspraxis: Forschergeist, Geduld, Selbstfreundlichkeit, nicht gleich werten bzw. das Werten bemerken, Humor und Mitgefühl.

Vielleicht erleben Sie Momente von innerer Stille und Frieden, vielleicht nicht. Was immer Sie erleben, darf so sein, wie es ist, auch Unruhe oder Frustration. Bemerken Sie, wie alles, was sich durch das Feld Ihrer Wahrnehmung bewegt, flüchtig ist und sich verändert. Halten Sie nichts fest, kämpfen Sie nicht gegen das, was kommt.

Öffnen Sie nach einer Minute sanft die Augen. Üben Sie schrittweise länger.

Basics der Meditation (nach Rick Hanson)

- Erlauben Sie sich zu entspannen
- Körperhaltung: bequem, aufrecht, wach, würdevoll
- Grundlegendes Wohlwollen sich selbst gegenüber
- Aufmerksamkeit für den Körper
- Konzentration auf einen stabilen Anker, um die Aufmerksamkeit in der Gegenwart zu halten (z. B. der Atem, ein Wort oder Mantra, körperliche Empfindungen, z. B. das Gefühl in den Händen)
- Akzeptieren Sie, was auch immer sich durch Ihr Gewahrsein bewegt, ohne Widerstand und ohne daran festzuhalten
- Kommen Sie immer wieder zu Ihrem gewählten Anker zurück, ohne sich für ein Abschweifen zu kritisieren
- Abschweifen zu bemerken *ist* Achtsamkeit
- Das Ziel von Meditation ist nicht, nicht zu denken. Sie brauchen den Fluss der Gedanken nicht anhalten. Üben Sie, ihn zu bemerken
- Sie müssen nichts erreichen oder »gut« machen. So, wie es ist, ist es okay
- Erlauben Sie sich, sich sanft in einem friedlichen Da-Sein niederzulassen

Innere Haltung

Achtsamkeit ist etwas, was in jedem Augenblick neu entsteht und immer wieder unsere Bereitschaft braucht, uns dem Leben zuzuwenden. Sie in das eigene Leben einzuladen, gleicht dem Aufbruch zu einer Reise. Als Reiseproviant ist zu empfehlen:

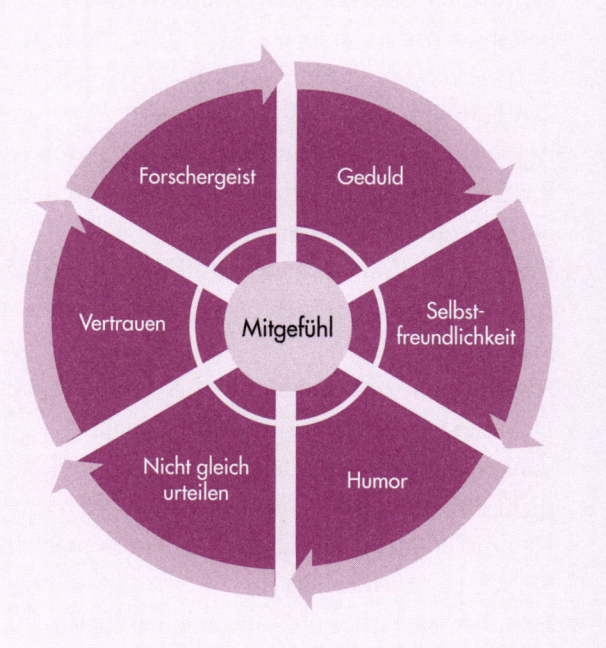

Forschergeist

Lassen Sie sich neugierig sein auf das, was der nächste Moment bringt. Experimentieren Sie damit, wie es ist, dem Leben, anderen Menschen, sich selbst mit einer Haltung von wohlwollendem Interesse zu begegnen und anzunehmen, dass es auch in den alltäglichsten Situationen etwas Wunderbares zu entdecken gibt, dass auch in Schwierigkeiten ein *Ja – und* liegen kann.

Geduld

Geben Sie sich Zeit und stellen Sie sich darauf ein, dass Sie immer wieder neu beginnen werden. Sie werden vielleicht manchmal begeistert sein, wie toll Achtsamkeit »klappt«, und Sie werden unzufrieden sein, weil Sie alles wieder vergessen. Das ist normal, Sie machen nichts falsch. Erinnern Sie sich daran, wie Sie eine neue Sprache oder eine neue Sportart gelernt haben. Sie entwickeln eine neue Gewohnheit. Die alte Gewohnheit unbewussten oder automatischen Reagierens ist jahrzehntelang eingeübt und daher entsprechend hartnäckig. Auch selbstkritischen Gedanken gegenüber (»Ich mache das schon wieder falsch/Bei mir klappt das nicht/Selbst dafür bin ich zu blöd«) kann man Geduld entwickeln. Und sie immer wieder infrage stellen. Frustrationstoleranz hilft dabei.

Selbstfreundlichkeit

Gehen Sie liebevoll und milde mit sich um. Sie dürfen freundlich zu sich sein. Mit niemand sind wir so streng wie mit uns selbst. Stellen Sie sich in schwierigen Momenten vor, was eine gute Freundin oder eine weise Großmutter zu Ihnen sagen würde. Oder fragen Sie sich, wie Sie selbst mit einer Freundin umgehen würden, die gerade in einer ähnlichen Situation wäre wie Sie. Dieses Mitgefühl, dieses Verständnis steht nicht nur anderen zu. Erlauben Sie es sich selbst.

Humor

Der Teil in Ihnen, der alles so sehr ernst nimmt, hat seine guten Seiten und ist auch oft angemessen. Erlauben Sie jedoch, dass auch Leichtigkeit und Ihre spielerische Natur zu ihrem Recht kommen. Einer meiner Ausbildungsleiter in der MBSR-Ausbildung pflegte, wenn er von einem Missgeschick erzählte oder von etwas, das nicht funktioniert und in einer peinlichen Situation geendet hatte, in seinem wunderbaren niederländischen Akzent zu sagen: »War das schlimm? Nein, das war lustig!«

Nicht gleich urteilen/Urteile hinterfragen

Die menschliche Tendenz, Dinge sofort in positiv oder negativ, gut oder schlecht einzuordnen, ist eine Fähigkeit, die uns als Spezies das Überleben gesichert hat. Wenn ich um die Ecke biege und auf einmal einem Tiger in die Augen starre, ist es gut, wenn mein Gehirn: *Gefahr! Sofort zurückziehen!* signalisiert und ich nicht erst in achtsamer Neugier ganz nah herangehe, um zu untersuchen, ob mir die Katze nicht vielleicht doch freundlich gesinnt ist. In der überwiegenden Zahl heutiger Alltagssituationen, in denen es selten um unser körperliches Überleben geht, basiert diese sekundenschnelle Einteilung in gut oder schlecht allerdings oft auf unhinterfragten Vorurteilen oder der aktuellen Situation nicht angemessenen alten Erfahrungen. Zudem aktiviert eine negative Einschätzung unsere Stressreaktion, unseren Kampf-oder-Flucht-Modus.

Wenn das Gehirn eine Wertung nach oben spült, nehmen Sie etwas Abstand. Schauen Sie, was passiert, wenn Sie dieses Urteil einen Moment zurückstellen und es nicht gleich für bare Münze nehmen. Es geht nicht darum, nicht mehr zu urteilen. Es geht darum zu merken, *wenn* wir urteilen, und zu prüfen, ob dieses Urteil nötig oder der gegenwärtigen Situation angemessen ist oder ob wir, wenn wir uns der Erfahrung mit Offenheit zuwenden, noch weitere Informationen erhalten, die uns das Urteil möglicherweise revidieren lassen.

Vertrauen

Solange Sie noch atmen, pflegt Jon Kabat-Zinn gern zu sagen, ist mit Ihnen mehr richtig als falsch. Achtsamkeit geht davon aus, dass Sie die Ressourcen haben, um mit allem umzugehen, was Ihnen entgegenkommt. Erlauben Sie sich Vertrauen: Vertrauen in sich selbst, Vertrauen in Ihren Körper, Ihre Intuition, Ihre innere Weisheit, Vertrauen ins Leben. Wie wäre es, anzunehmen, dass das Leben nicht gegen Sie ist, sondern für Sie geschieht – auch wenn es in vielen Momenten erst einmal nicht so aussehen mag?

Mitgefühl

Mitgefühl kann vielleicht immer öfter entstehen, wenn wir solche inneren Haltungen kultivieren: Mitgefühl mit anderen und Mitgefühl mit uns selbst. Ein menschliches Leben zu führen kann sehr schmerzlich sein. Anders als Mitleid, das von oben herab auf das Leid anderer schaut, ist Mitgefühl ein Empfinden auf Augenhöhe. Ich sehe den Schmerz, ich laufe nicht vor ihm davon: Ich bin bereit, ihn mit dir zu halten.

3

Wenn wir so sind, wie wir sind - was machen wir dann damit?

Achtsamkeit braucht Beharrlichkeit, Geduld – und viel, viel innere Freundlichkeit. Es ist, als wären wir jahrzehntelang mit 180 Sachen auf einer Autobahn dahingebraust: Das sind die alten, reaktiven Verhaltensmuster und Denkgewohnheiten. Und nun wollen wir eine kleine, unscheinbare Ausfahrt nehmen, um zu Fuß einen noch kaum begangenen Waldpfad einzuschlagen: eine veränderte Art und Weise, mit sich und der Welt in Kontakt zu sein.

Je öfter der Pfad benutzt wird, desto breiter und leichter zugänglich wird er. Entsprechend wächst er mit der Zeit auch wieder zu, falls niemand auf ihm geht. (*Use it or loose it*, heißt es dazu in der Gehirnforschung: Was wir an Verschaltungen zwischen Nervenzellen im Gehirn nicht benutzen, wird wieder abgebaut, da arbeitet der Körper sehr pragmatisch).

Die nächste Ausfahrt nehmen

Weil uns die Autobahnstrecke so vertraut ist und der Schwung des Fahrzeugs uns mitreißt, ist es kein Wunder, dass wir oft längst an der Ausfahrt vorbei sind, bevor wir es überhaupt merken. Kritisieren Sie sich nicht dafür. Seien Sie freundlich mit sich, entwickeln Sie Mitgefühl. Und sobald Sie merken, dass Sie sich doch dafür kritisieren (was vermutlich häufig passieren wird): *Kritisieren Sie sich nicht dafür, dass Sie sich kritisieren. Bemerken Sie, dass das passiert, lassen Sie es los, so gut es geht.*

Schauen Sie mit Freundlichkeit darauf, es ist nichts Schlimmes passiert. Denn das Wunderbare ist: Es gibt nicht nur eine Ausfahrt. Jeder neue Moment bietet schon die nächste. Sobald ich merke, dass die Gewohnheitsenergie mich mitgerissen hat, ist bereits die Chance da, auszusteigen, innezuhalten, zu mir nach Hause zu kommen. Und hier die nächste. Und hier die nächste.

> »In dem Moment, in dem wir merken, dass wir nicht achtsam sind, genau da sind wir achtsam.«
> *Linda Lehrhaupt*

Nicht immer schon anderswo sein wollen

Alltagsmomente bieten wunderbare Übungsmöglichkeiten für das »Ausfahrtnehmen«: Ein anstrengender Arbeitstag liegt hinter mir, meine Augen sind trocken und heiß vom langen In-den-Rechner-Starren. Müde steige ich die Treppen vom Untergeschoss der U-Bahn nach oben. Endlich nach Hause – aber erst noch die etwas trostlose Straße entlangtrotten, fast zehn Minuten dauert der Weg zwischen Wohnung und U-Bahn, den ich nicht besonders gern gehe, weil er …

Und dann gibt es da plötzlich dieses kleine Aufblitzen. Dieses Bemerken, dass ich, statt da zu sein, wo ich gerade bin, schon anderswo sein will. In diesem Moment nehme ich überhaupt erst wahr, wo ich mich befinde: ein typischer Münchner U-Bahn-Hof, rot-braun gekachelt, ein paar andere Fahrgäste, die wie ich zum Ausgang streben. Ich höre die Absätze auf dem Steinboden klackern, sehe mein Spiegelbild in den Glasscheiben vor den

Fahrplänen und merke auf einmal, dass ich mich nicht beeilen muss. Dass ich mich nicht von hier wegwünschen muss. Dass, wenn ich mich dazu entscheide, meine Erholung genau jetzt anfangen kann. Dass mich die Anspannung, die mich vielleicht durch den Arbeitstag begleitet hat, vor allem deshalb in mir stecken bleibt, weil ich sie nicht loslasse. Dass ich einfach hier sein kann – schlicht und ergreifend, weil ich ja ohnehin jetzt hier bin.

Jetzt diese Treppenstufen nach oben nehmen, spüren, wie sich mein Körper bewegt, die Beine sich beugen und strecken. Den Moment spüren, wo ich auf die Straße trete und die kühle Abendluft auf mein Gesicht trifft. Statt innerlich zu monieren, warum so viele Straßenzüge in diesem Stadtviertel so trist sind, und wieder einmal mental Münchner Bausünden aufzuzählen, einfach nur schauen. Farben wahrnehmen, das Licht der Straßenlaternen auf dem leicht feuchten Asphalt. *Nicht kommentieren, bloß sehen, riechen, spüren. Bloß lebendig sein, ohne ein Besser oder Schlechter.*

Umgang mit schwierigen Gefühlen

Achtsamkeit zu praktizieren ist an sich einfach: den Atem spüren, präsent sein, wahrnehmen, was meine Sinne mir erzählen. Schwierig ist es, sich daran zu erinnern, dass mir diese Möglichkeit zur Verfügung steht. Mich zu erinnern, dass ich aussteigen kann aus den inneren Gedankenschleifen, dass ich nicht immer anderswo hinrennen muss, sondern dort sein kann, wo ich gerade bin. *Dass ich die Person sein darf, die ich bin.*

BITTE AUSPROBIEREN

Innere Erlaubnis

Dieses kleine Experiment können Sie immer ausprobieren, wenn Sie bemerken, dass Sie sich gerade anders fühlen, als Sie sich fühlen möchten. Vielleicht sind Sie ärgerlich, angespannt, nervös oder unwirsch, fühlen sich einsam oder ängstlich. (Wenn Sie sich in diesem Moment des Lesens gerade ganz zufrieden fühlen und direkt mitmachen wollen, rufen Sie sich eine Situation ins Gedächtnis, in der ein ungeliebtes Gefühl präsent war. Lassen Sie die

Erinnerung möglichst plastisch werden. Wie war die Situation, wo waren Sie, was haben Sie gesehen, gehört, wie hat sich Ihr Körper angefühlt? Die Erinnerung wird vermutlich zumindest eine Ahnung des unangenehmen Gefühls wieder aufleben lassen.)

Nun also, wo Sie sich auf eine Weise erleben, wie Sie gerade nicht sein wollen:

Wie wäre es, wenn Sie sich selbst erlauben würden, die Person zu sein, die Sie sind? Wenn Sie sich erlauben würden, in diesem Moment genau *so* zu sein, sich genau *so* zu fühlen?

....

Schmerzlichen Gefühlen zu erlauben, einfach da zu sein: Das mag erst einmal wie ein abenteuerlicher, ja vielleicht sogar gefährlicher Vorschlag klingen. Wenn ich Lampenfieber habe und nicht dagegen angehe – werde ich dann nicht noch nervöser? Wenn ich traurig bin und mir das erlaube – reißt mich meine Traurigkeit dann nicht in die Tiefe? Und was, wenn ich rasend vor Wut bin?

Mein Vorschlag ist nicht, destruktive Impulse oder problematische Verhaltensweisen auszuagieren. Sich zu erlauben, die Person zu sein, die Sie sind, heißt vielmehr anzuerkennen, dass Sie eben jetzt genau diese Gefühle haben. Sie müssen diese Gefühle nicht mögen, Sie müssen sich nicht kopfüber hineinstürzen. Schauen Sie, was passiert, wenn Sie anerkennen: Da ist in mir gerade Traurigkeit. Ich merke, dass ein Teil von mir gerade sehr nervös ist. Erlauben Sie sich, so zu sein, wie Sie gerade sind: eine Person, in der dieses Gefühl existiert.

Vielleicht erleben Sie das Paradox, dass sich etwas umso leichter verändern kann, je mehr ich es anerkenne und so lasse, wie es ist.

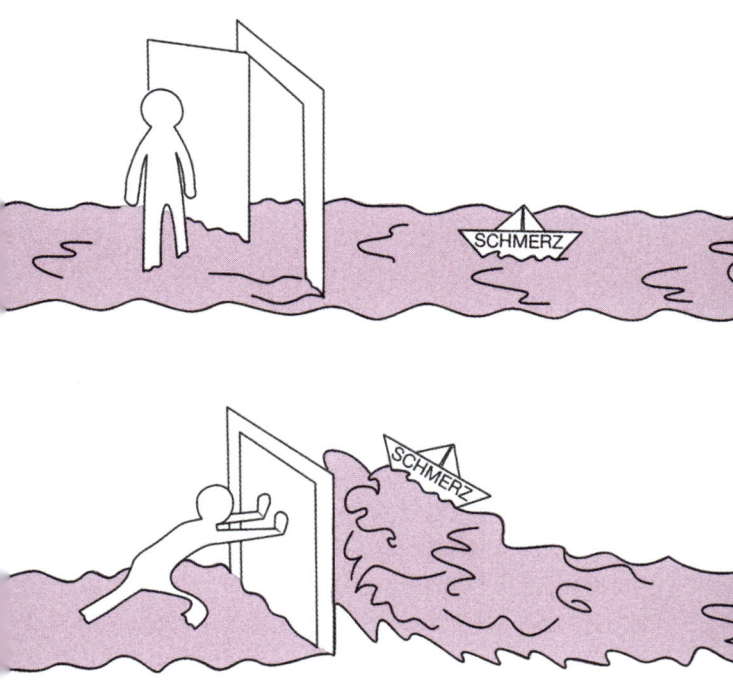

Sich gegen schmerzliche Gefühle oder Gedanken zu wehren wird sie in der Regel eher verstärken als vermindern. Durch uns fließt ein beständiger Strom an Empfindungen, Gedanken und Gefühlen. Wenn wir versuchen, diese loszuwerden oder aufzuhalten, ist es, als wollten wir einen Fluss am Weiterfließen hindern. Der Fluss beginnt sich vor dem Hindernis aufzustauen, er nimmt an Kraft zu, die schmerzlichen Gefühle können sich nicht weiterbewegen und abfließen. Daher kann sich die Vorstellung auch bedrohlich anfühlen, die Tür zu öffnen, wenn wir sie lange zugehalten haben: Die Gefühle haben dadurch vielleicht an Wucht zugenommen. Wir müssen die Tür ja auch nicht gleich aufreißen.

Experimentieren Sie damit, in schwierigen Situationen zu sich selbst nach Hause zu kommen: sich zu spüren, achtsames Atmen zu üben. Schauen Sie, ob es dann möglich ist, die schwierige Empfindung – sei sie körperlich oder emotional – eine Zeit da sein zu lassen, ohne etwas damit zu machen, ohne darauf zu reagieren. Lassen Sie so gut es geht die geistige Geschichte los, die sich in Ihrem Kopf dazu abspielt, und üben Sie, die reinen Empfindungen im Körper zu spüren.

Ihre Fähigkeit, Unwohlsein zu halten, ohne sich darin zu verstricken, ohne es zu unterdrücken oder auszuagieren, wird mit Übung und Geduld wachsen. Erinnern Sie sich dabei daran, respektvoll und mitfühlend mit sich umzugehen.

Aktiv Freude und Wohlsein in uns zu nähren ist daher auch weniger als Versuch zu verstehen, Negatives auszublenden, sondern eine Möglichkeit, uns zu stabilisieren, sodass wir eher in der Lage sind, uns unseren leidvollen Gefühlen zuzuwenden.

Die Stille unter den Wellen

So stürmisch die See auch ist und so hoch die Wellen auch schlagen, am Meeresgrund ist es dennoch friedlich und still. Ebenso gibt es in uns, selbst wenn wir emotional aufgewühlt sind, eine tiefere Ebene von friedlichem Sein. Wir können eine Form von Gelassenheit und innerer Ruhe auch inmitten von Leid, von Krankheit, Schmerz oder Angst finden. Diese Ebene müssen wir nicht schaffen, sie ist immer da – doch häufig noch verstellt, der Weg zugewachsen wie zu einer verlassenen Tempelstadt in einem dichten Dschungel. Je öfter wir den Weg dorthin finden, desto offener liegt er vor uns. Die ersten Male gelangen wir wohl ungeplant dorthin, überraschend, vielleicht in der Meditation oder weil sich plötzlich etwas in unserer Perspektive verschiebt, ohne dass wir genau sagen könnten, wie. Dann suchen wir möglicherweise danach, finden ihn nicht mehr und sind frustriert. *Doch wird sich der Weg zu diesem inneren Frieden öfter zeigen, mit Geduld und Übung und weil wir beginnen, dieser Ebene in uns zu vertrauen.*

Jetzt hier ankommen

Das hört sich an, als sei es so einfach: Hier sein, so zu sein, da, wo ich jetzt gerade bin. Und es ist doch ein fortwährender Prozess – immer wieder neu. Kein Zustand, den wir ein für alle Mal erreichen und dann wäre alles gut.

Griechenlandurlaub, ein Häuschen am Meer. Um morgens auf der Terrasse zu meditieren, habe ich extra mein kleines neues Sitzkissen mitgenommen. Ich lasse mich nieder, innerlich und äußerlich, finde eine stabile Haltung, entspanne mich in den Fluss meines Atems. Das Geräusch der Wellen begleitet mein Ein- und Ausatmen. Nach und nach breitet sich ein Gefühl von Weite und Frieden in mir aus. Meine Bauchdecke hebt sich, senkt sich.

»Ja, so sollte Meditation immer sein«, denke ich, »so ruhig und anstrengungslos, so friedlich und schön.« Auf einmal bemerke ich, dass ich längst nicht mehr mit der Aufmerksamkeit bei meinem

Atem und im jetzigen Moment bin, sondern angenehmen Gedanken darüber nachhänge, wie schön ich gerade meditiere, wie toll es ist, dass ich das Kissen in den Koffer gepackt habe, selbst wenn es einiges an Platz verbraucht … Ich versuche mich zurückzubringen, schüttle innerlich den Kopf über mich selbst. Nach ein, zwei konzentrierten Atemzügen wandern die Gedanken weiter. »So wie vorhin, genau so sollte es sein, ganz bei dem Geräusch der Wellen und dem Atem. Mist, warum bin ich da schon wieder rausgerutscht.« Ich beobachte die Gedanken, die sich in vertrauter Unzufriedenheit ergehen. Und auf einmal wird mir klar, was da passiert: *Meine Gedanken versuchen, etwas zurückzuholen, was aber schon vorbei ist.* Als würden sie sich an einem Tau rückwärts hangeln hin zu einer Erinnerung, zu einem vorgestellten Bild von »So ist es richtig, so sollte es sein«. Angestrengt greifen sie nach diesem Bild, versuchen, es wieder Realität werden zu lassen, was natürlich zum Scheitern verurteilt ist und im Gegenteil dazu führt, dass es umso unwahrscheinlicher wird, dass dieser ruhige, zufriedene Geisteszustand von selbst wieder entsteht.

Genau während wir üben, im gegenwärtigen Moment zu sein, haben wir die Chance zu erkennen, wie rasch unser Geist uns beständig wieder herausträgt. Leicht geschieht es dann, dass wir denken, wir würden etwas falsch machen, dass uns das nicht passieren sollte, dass wir das verhindern könnten. Dabei ist gerade das Sehen dessen, was da passiert, ein Kernstück von Achtsamkeitspraxis. Ja, genau, ich will gerne in der Gegenwart sein, und einen Moment bin ich auch ganz da, und im nächsten kommentieren meine Gedanken eben diese Erfahrung und holen mich wieder heraus. Und dann wünschen die Gedanken mich dort wieder hin – zurück in einen Moment, der ja schon längst nicht mehr besteht. Und quasi in der guten Absicht, zurückzukehren in einen Augenblick, der eben noch Gegenwart war, aber nun schon der Vergangenheit angehört, halten sie mich davon ab, eben dort zu sein – wo ich *jetzt* bin.

Dabei ist es wichtig, sich klarzumachen, dass die Gedanken nicht der Feind sind, den es zu bekämpfen gilt. Sie tun einfach das, was sie gewohnheitsmäßig tun: wandern in die Vergangenheit oder Zukunft, beschäftigen sich mit dem, wie das Leben sein sollte oder wie es nicht ist.

Also, wie wäre es, jetzt hier auf der Terrasse zu sitzen und die unruhigen Gedanken, die Unzufriedenheit, den rastlosen Geist als einen Teil meiner gegenwärtigen Erfahrung zu bemerken. Wie wäre es, einverstanden zu sein damit, dass es nicht so ist, wie die Gedanken finden, dass es sein sollte. Mir zu erlauben, die Person zu sein, die ich jetzt gerade bin.

Jetzt hier bleiben

Kurze Zeit später die gleiche Bewegung in die andere Richtung: Ich trete aus dem Häuschen auf Samos hinaus in die Mittagssonne. Es ist wunderbar septemberheiß, dazu ein frischer Wind, mein Rock flattert mir vergnügt um die Beine. Die Farben auf dem Meer, wie es nur das griechische Licht am Ende des Sommers vermag, weich und gleißend zugleich. So viel Schönheit in einem einzigen Moment.

Mein Gehirn beginnt zu rechnen: »Heute ist schon Donnerstag, wir fahren am Sonntag, oje, nur noch so kurz! Und wenn wir wieder in München sind, ist es schon richtig Herbst, wahrscheinlich schlechtes Wetter …« Meine Gedanken hangeln sich am Tau nach vorne. Und dabei bringen sie mich dazu, *jetzt bereits das zu vermissen, was doch in eben diesem Moment hier ist!* Statt die Kostbarkeit dessen zu erleben, wo ich gerade bin, tragen sie mich in eine Zukunft, die ja in diesem Augenblick nichts weiter als eine gedachte Vorstellung ist.

Dieser gedanklichen Bewegung – am Tau zurück in die Vergangenheit oder voraus in die Zukunft, das eine nicht mehr, das andere noch nicht existent – gilt es, auf die Schliche zu kommen. Nicht mit Selbstkritik, sondern mit Freundlichkeit und dem Verständnis, dass wir als Menschen so gestrickt sind und dass man lernen kann, damit geschickt umzugehen.

**Der jetzige Moment
ist der einzige,
in dem ich irgendetwas
genießen kann.**

Wenn ich da nicht bewusst anwesend bin, hat sich das Licht auf dem Meer schon wieder aufgelöst. Und meine Gedanken tragen mich beständig von dort weg – wenn ich sie lasse.

Weshalb es nicht unbedingt klug ist, sie immer einfach zu lassen.

Von Teflon und Klettbändern

Die menschliche Psyche hat eine Negativitätstendenz: Unangenehmes, Gefährliches, Schmerzhaftes zieht unsere Aufmerksamkeit stärker auf sich als Unauffälliges oder Angenehmes. Daher verkaufen sich auch schlechte Nachrichten besser als gute. Der Grund dafür ist einleuchtend: Als Spezies waren Menschen schon immer vielen Gefahren ausgesetzt. Evolutionär betrachtet war es für uns und alle unsere tierischen Vorfahren wichtig, Gefahren schon frühzeitig zu wittern und sozusagen immer mit einem Ohr auf das Knacken im Unterholz zu lauschen. Misstrauen, Ängstlichkeit und Pessimismus haben sich als Charaktereigenschaften stärker vererbt als Optimismus, Gelassenheit und Unbekümmertheit. Denn diejenigen, die beispielsweise zu Beginn der letzten Eiszeit leise lächelnd ihren übervorsichtigen Nachbarn mit dem gepackten Ränzlein nachsahen und kopfschüttelnd sagten: »Meine Güte, diese Meiers, typisch! Immer befürchten sie nur das Schlimmste!« – die hatten keine Möglichkeit mehr, ihre entspannten Gene weiterzugeben (während Herr Meier, der dank seiner pessimistischen Haltung rechtzeitig die Flucht ergriffen und die Eiszeit überlebt hatte, sich sein »Ich hab's doch immer gesagt« vermutlich nur schwer verkneifen konnte).

Mittlerweile kann man sogar über die neurobiologische Forschung nachweisen, dass unangenehme Erfahrungen im Gehirn stärker registriert und erinnert werden als angenehme. Der Psychologe und Meditationslehrer Rick Hanson bringt das sehr eindrücklich auf den Punkt: *Das Gehirn verhält sich bei angenehmen Erfahrungen wie Teflon, bei unangenehmen wie Klettband. Die einen rutschen quasi sofort wieder aus der Aufmerksamkeit, während die anderen kleben bleiben.*

So haben wir uns über Jahrmillionen entwickelt – weil es einen ganz klaren Überlebensvorteil darstellt. Sinnvoll, was das Überleben in einer Umwelt angeht, in der Menschen und ihre tierischen Vorfahren über Tausende und Abertausende von Jahren körperlich bedroht waren: von Kälte, Hunger und Krankheit, von Fressfeinden und kriegerischen Auseinandersetzungen. In der heutigen Zeit, wo zumindest in der westlichen Welt das Überleben um so vieles leichter geworden ist, macht uns diese Negativitätstendenz jedoch das Glücklich- oder Zufriedensein um vieles schwerer.

»Du musst nicht alles glauben, was du denkst«

Eine meiner Lieblingspostkarten zeigt einen Esel, der seinen Kopf gutmütig über einen Zaun streckt. Darunter steht: *Du musst nicht alles glauben, was du denkst.*

Das Großhirn ist konzipiert zum Überleben, nicht zum Glücklichsein. Es ist eine Problemlösemaschine. Und sollte aktuell mal kein Problem da sein, hält es nach einem Ausschau. Die Voreinstellung des Gehirns ist es, im Ruhezustand – beim Nichtstun, Tagträumen, Vor-sich-hin-Denken – automatisch auf die Suche nach Problemlösungen zu gehen.

Ich stehe gerade bei herrlichstem Wetter am Meer und genieße das Rauschen der Wellen? Na, aber nicht mehr lang, also lass uns mal drüber nachdenken, wie es ist, wenn wir zurück im kalten Deutschland sind!

Wir können nicht einfach kontrollieren, was wir denken, oder entscheiden, etwas nicht zu denken. Aber wir können *bemerken*, was wir denken, und es infrage stellen. *Gedanken sind keine Tatsachen, und nur weil ich etwas denke, ist es noch lange nicht wahr.*

Zudem kann ich einem Gedanken, der unkontrolliert in mir aufschießt, einen anderen hinterherschicken, den ich bewusst denke. Ich habe mir beispielsweise angewöhnt, in solchen Momenten wie dem am Meer ein kleines Selbstgespräch zu führen und mir zu sagen: »Sweetheart, es ist okay, jetzt sind wir ja noch hier. Freu dich dran, wie schön es gerade ist.«

> »Die stärkste Waffe gegen Stress ist unsere Fähigkeit, einen Gedanken statt eines anderen zu wählen.«
>
> *William James*

Achtsamkeit schlägt vor, zu lernen, die Aufmerksamkeit auf die *direkte Erfahrung* im gegenwärtigen Moment zu richten, nicht auf unsere Gedanken oder Meinungen darüber und ohne ein Spielball auf dem Tau zu sein, der beständig in Richtung Vergangenheit oder Zukunft geschubst wird. Und das müssen wir eben *üben*, weil wir es noch *nicht können* – sonst brauchten wir es ja nicht zu lernen. Es ist aberwitzig, dass wir uns dann eben das zum Vorwurf machen, wenn unser Geist mal wieder auf Wanderschaft geht.

Worauf wollen Sie Ihre Aufmerksamkeit richten?

Stellen Sie sich vor, Sie haben ein Feedbackge-spräch mit Ihrem Chef. Er ist zufrieden, zählt fünf Punkte auf, die er zu schätzen weiß, und bedankt sich ausdrücklich für Ihre gute Arbeit. Einen Kritikpunkt jedoch nennt er auch, wo er Sie um Abhilfe bittet. Was, meinen Sie, geht Ihnen abends im Bett durch den Kopf, das Lob oder die Kritik? Zählen Sie Ihrer besten Freundin die fünf positiven Punkte auf? Oder grämen Sie sich mit ihr über die eine Sache, die nicht so gut gelaufen ist?

Den meisten von uns wird der Kritikpunkt eher im Gedächtnis bleiben. Auch mir würde das so gehen – und zu verstehen, dass das keine persönliche Schwäche meinerseits, sondern ein evolutionäres Erbe darstellt, war für mich eine große Entlastung: So ist die menschliche Psyche strukturiert. Unser Gehirn hat die Tendenz, dem Negativen mehr Gewicht zu geben als dem Positiven, um sich besser vor Gefahren schützen zu können. Und wenn ich das weiß – worauf will ich dann meine Aufmerksamkeit richten?

Wenn mein Gehirn ohnehin schon darauf gepolt ist, nach Gefahren und Problemen Ausschau zu halten und das Positive unterzubewerten, macht es Sinn, die Aufmerksamkeit bewusst auf das Positive zu richten. Nicht um eine rosarote Brille aufzusetzen, sondern um sozusagen einen angemessenen Ausgleich zu schaffen: um Bedingungen zu schaffen, unter denen es wahrscheinlicher ist, dass ich mich wohlfühle.

Das »Schöne-Momente-Tagebuch«

Unterstützen Sie sich selbst dabei, den Blick immer wieder auf das Schöne zu richten und es bewusst zu genießen. Eine Möglichkeit dazu ist das »Schöne-Momente-Tagebuch«. Reservieren Sie ein hübsches Notizbuch (am besten ein kleines, das Sie leicht in die Tasche stecken können, um es mitzunehmen) für die schönen Momente des Tages. Notieren Sie darin einmal täglich, zum Beispiel vor dem Schlafengehen, Angenehmes, das Sie erlebt haben. Das können ganz kleine Dinge sein. Der Duft von frisch gemähtem Gras. Glucksendes Kinderlachen. Der erste Schluck Schorle nach einer anstrengenden Fahrradtour.

Ich habe ein solches Schöne-Momente-Tagebuch mehrere Jahre fast täglich geführt und stellte dabei fest, dass meine Aufmerksamkeit für die vielen hellen Momente, die das Leben für mich bereithält, wie von selbst immer größer wurde. Es gab Tage, wo es ein Kinderspiel war, ganze Seiten mit kleinen Perlen zu füllen, beispielsweise nach einer grandiosen Bergtour, weil ich frisch verliebt war oder den Tag mit meinen wunderbaren Neffen verbracht hatte. Regnerische Arbeitstage voll Routinetätigkeiten waren schon schwieriger. Doch hier geschah mit der Zeit etwas Interessantes. Manchmal, an einem missmutigen Nachmittag vielleicht, fiel mir plötzlich auf: Wenn ich weiter so durch den Tag gehe, dann habe ich heute Abend nichts, was ich aufschreiben kann. Und zwar nicht deshalb, weil heute nichts Angenehmes geschieht, sondern weil es mir schwerfällt, es wahrzunehmen.

So trainierte ich mich selbst darin, bewusst nach Angenehmem Ausschau zu halten. Und das lässt sich immer finden. Und wenn es einfach eine Tasse Kaffee ist, die ich in Ruhe genieße.

Unser Gehirn verändert sich je nachdem, wie wir es benutzen

Wie wir auf die Welt schauen, wie wir uns selbst wahrnehmen und mit uns umgehen, ist nicht unveränderlich. Während man in Psychologie und Biologie früher davon ausging, dass das Gehirn und damit seine Verarbeitungsprozesse beim Erwachsenen, einmal ausgereift, beständig bleiben und sich lediglich mit der Zeit in seinen Fähigkeiten abbauen würde, weiß man heute, dass wir jeden Tag direkt an hirnphysiologischen Umbaumaßnahmen arbeiten – nichts ahnend oder aber, etwa mit Achtsamkeitspraxis, ganz bewusst.

Wir können das Gehirn von innen heraus selbstbestimmt verändern.

Diese Fähigkeit zur selbstbestimmten Neuroplastizität ist die vielleicht großartigste und ermutigendste Erkenntnis der Neurowissenschaften im 21. Jahrhundert. Wir haben die Möglichkeit, überkommene Verhaltensweisen quasi mit neuen, sinnvolleren Gewohnheiten zu überschreiben und das

Gehirn durch bewusste Intention und Aufmerksamkeit neu zu verdrahten. *Denn unser Gehirn verändert sich je nachdem, wie wir es benutzen.* Und zwar nicht nur in der Funktion, sondern buchstäblich in seiner physiologischen Struktur. Geisteszustände wie Präsenz, Freundlichkeit oder Mitgefühl zu kultivieren führt dazu, dass sich Verschaltungen in bestimmten Gehirnarealen stärker ausbilden, während dabei andere, die etwa mit Angst, Stress oder Depression assoziiert sind, schwächer werden, wie die Psychologin Prof. Dr. Tania Singer derzeit in einer großen Studie namens »ReSource Projekt« am Max-Planck-Institut in Leipzig nachweist.

Die Psychologen Eric Garland und Barbara Fredrickson konnten zudem in einer breit angelegten Untersuchung nachweisen, dass positive Gefühle wie Freude und Zuversicht dazu führen, dass wir offener für neue Erfahrungen sind, kreativer denken und mehr Ideen entwickeln, ja sogar unsere visuelle Aufmerksamkeit erweitert sich dadurch.[*] Das ist nicht nur nützlich, was unsere Fähigkeiten im Straßenverkehr, am Arbeitsplatz oder beim

---

[*] Garland, Eric/Fredrickson, Barbara et al.: »Upward Spirals of Positive Emotions Counter Downward Spirals of Negativity«, *Clinical Psychology Review* 30,7/2010, S. 849–864.

Sport angeht, es erleichtert es uns auch, achtsam zu sein. Sind wir gestresst, angespannt oder traurig, engt sich unser Blickwinkel ein. Bewusst positive Gefühle zu kultivieren ist also nicht nur ein Ausgleich für die evolutionär in uns angelegte Negativitätstendenz, sondern auch ein praktischer Weg zu mehr Offenheit, Kreativität und vertiefter Erfahrung. Je stärker der Gehirnbereich ausgeprägt ist, der mit positiven Emotionen in Zusammenhang steht, desto leichter erholt man sich nach einer stressigen Situation oder einem schmerzlichen Erlebnis.

Eine einfache Möglichkeit, positive Emotionen zu kultivieren, ist die folgende kleine Übung.

BITTE AUSPROBIEREN

Innere Freundlichkeit

Schließen Sie einmal die Augen und lassen Sie Ihr Gesicht eine neutrale Mimik einnehmen – so, dass Sie sagen würden: Das ist ein neutraler Gesichtsausdruck. Spüren Sie einen Moment, wie sich das anfühlt. Anschließend, weiterhin mit geschlossenen Augen, wechseln Sie in einen freundlichen Gesichtsausdruck. Nichts Übertriebenes, einfach so, dass Ihre Mimik einen entspannt-freundlichen Ausdruck einnimmt. Spüren Sie wiederum, wie sich das anfühlt. Und dann wechseln Sie ein paar Mal hin und her: neutral, freundlich, neutral, freundlich.

Vermutlich ist die muskuläre Bewegung gar nicht groß, doch die meisten Menschen, die diese kleine Übung ausprobieren (kennengelernt habe ich sie in einem Workshop des englischen Psychologen Paul Gilbert), sind erstaunt von dem gefühlsmäßigen Unterschied, der sich dadurch ergibt. Manche berichten von einem unwillkürlichen Durchatmen, das beim Wechsel von neutral zu freundlich entsteht, andere von einem Erleben von Weite, Hellerwerden oder Leichtigkeit, so als würden die Wolken die Sonne freigeben.

Wenn Sie mögen, können Sie noch einen Schritt weitergehen. Sagen Sie sich dazu innerlich Hallo. Mit geschlossenen Augen und leise für sich nennen Sie Ihren Namen und sagen sich Hallo. Ich würde also zu mir sagen: »Hallo, Heike.« Tun Sie das erst mit einer neutralen, dann mit einer freundlichen inneren Stimme. Wechseln Sie ein paar Mal hin und her und passen Sie der Stimmlage auch den Gesichtsausdruck an: neutraler Gesichtsausdruck mit neutraler Stimmlage, freundlicher Gesichtsausdruck mit freundlicher Stimmlage.

Was verändert sich innerlich?

Viele Menschen empfinden nach der Übung, dass das, was sie ursprünglich als neutrale Stimme und neutralen Gesichtsausdruck eingeschätzt hatten, im Vergleich doch eher mürrisch, unwirsch bis unfreundlich ist.

Machen Sie sich die Wirkung positiver Emotionen, die Macht der Negativitätstendenz auf unsere Psyche und den Effekt, den innere Freundlichkeit hat, bewusst. Vielleicht könnte Sie das motivieren, sich mehr Freundlichkeit für sich selbst zu gestatten?

»Die wahre Entdeckungsreise besteht nicht darin, neue Landschaften zu suchen, sondern mit anderen Augen zu sehen.«

Marcel Proust

4

Achtsamkeit ist möglich: jederzeit und überall

Achtsamkeit liegt nicht darin, was wir tun, sondern wie wir es tun – egal um welchen Bereich unseres Lebens es sich handelt. Ich habe im Folgenden die beiden Bereiche Arbeit und Beziehung herausgegriffen, um ein paar Möglichkeiten aufzuzeigen, wie man Achtsamkeit dort konkret umsetzen könnte und wie viele verschiedene Ausdrucksformen es gibt. Bitte verstehen Sie das als Anregung zum eigenen Forschen und Ausprobieren.

Achtsamkeit am Arbeitsplatz

Ein hohes Tempo, ständige Unterbrechungen, die uns aus dem herausreißen, womit wir gerade beschäftigt sind, Multitasking, Gefühle von Stress, Anspannung, Druck – kein Wunder, dass uns Achtsamkeit im Berufsleben oft besonders schnell abhandenkommt. Was könnte uns dabei unterstützen, im Arbeitsalltag immer wieder einmal innezuhalten?

Ein paar Vorschläge

- Suchen Sie sich Achtsamkeitsanker, die Sie daran erinnern, zwischendurch zu sich zu kommen und Ihren Atem zu spüren. Sie werden anschließend konzentrierter weiterarbeiten.
- Möglichkeiten sind etwa die Zeit, während der Computer hochfährt, das Wort »Atmen« als Bildschirmschoner oder das Klingeln des Telefons: Nehmen Sie einen bewussten Atemzug, bevor Sie abheben.
- Für Mutige: Lassen Sie es dreimal klingeln. Machen Sie sich bewusst, dass am anderen Ende ein Mensch mit seiner ganz eigenen Agenda sitzt, seinen eigenen Anliegen, Sorgen und Themen. Seine Sicht auf die Welt ist genauso berechtigt wie Ihre. Und Sie müssen sich nicht von seiner Stimmung (seiner Frustration, seiner Anspannung …) vereinnahmen lassen.
- Suchen Sie sich ein Stück Weg, das Sie regelmäßig gehen (vom Bus oder Parkplatz zum Eingang, von Ihrem Büro zum Kopierer, die Treppe zur Kantine oder zur Toilette), und

erklären Sie das zu Ihrer Strecke für achtsames Gehen. Sie brauchen diesen Weg nicht langsamer zu gehen oder äußerlich sichtbar in irgendeiner Weise anders als sonst. Spüren Sie bei diesen Schritten einfach Ihre Füße, nehmen Sie Ihren ganzen Körper wahr, erlauben Sie sich, alle Gedanken an die Arbeit fallen zu lassen und einfach nur zu gehen.

- Bemerken Sie, welche unhinterfragten Gewissheiten Sie unter Druck setzen. *Stimmt das eigentlich?* Hat das tatsächlich keine Zeit bis morgen? Muss ich wirklich das Diensthandy auch abends nach Mails checken? Führt der Druck, den ich mir mache, wirklich zu besseren Ergebnissen?

- Machen Sie mindestens einmal pro Stunde eine bewusste Pause. Schauen Sie aus dem Fenster, nehmen Sie drei tiefe Atemzüge, spüren Sie, dass Sie einen Körper haben, und bemerken Sie, welche Signale er Ihnen jetzt gerade gibt.

- Beenden Sie Ihre Arbeit bewusst. Blicken Sie auf den Tag zurück und bemerken Sie drei Dinge, die gut oder zumindest okay gelaufen sind (ein erledigter Teilschritt einer Aufgabe, ein netter Kontakt zu einem Geschäftspartner, ein Gespräch, das positiver als erwartet verlaufen ist).

Unsere To-do-Liste wird sich immer wieder füllen, auch wenn wir sie noch so eifrig abarbeiten. Die Aufgaben – sei es im Beruf oder in allen anderen Bereichen unseres Lebens – sind nie komplett abgearbeitet, wir sind nie mit allem fertig.

Wenn wir darauf warten, dass irgendwann die Anforderungen oder Schwierigkeiten aufhören, damit endlich »unser richtiges Leben anfängt« oder wir uns eine Pause gönnen dürfen, können wir lange warten.

Es liegt an uns selbst, ob wir uns gestatten zu sagen: Ich darf jetzt hier sein. Ich bin okay, wie ich bin. Es braucht unsere eigene Erlaubnis.

Achtsamkeit in der Partnerschaft

Eine glückliche Beziehung ist ein Teil Gnade, ein Teil bewusste Arbeit und ein Teil Entscheidung, hat mein Mann einmal gesagt. Die Entscheidung, jetzt hier zu sein, mit dieser Person, und der Begegnung mit ihr Priorität zu geben.

> Glücklichsein kann man nicht machen. Was man allerdings sehr wohl tun kann, ist, günstige Bedingungen dafür zu schaffen.

Worauf möchten Sie Ihr Augenmerk in Ihrer Partnerschaft bevorzugt richten: auf das, was funktioniert, oder auf das, was nicht funktioniert? In Anbetracht der Negativitätstendenz des menschlichen Gehirns scheint es sinnvoll, die Samen dessen zu wässern, was wachsen soll. Das heißt nicht, Probleme zu ignorieren, sondern eine Kultur von Wertschätzung aufzubauen.

Ein paar Vorschläge

- Sagen Sie, was Sie am anderen freut. Sagen Sie es oft.
- Bedanken Sie sich für Kleinigkeiten.
- Lassen Sie den anderen teilhaben an den schönen Momenten Ihres Tages. Mein Mann und ich spielen im Bett vor dem Einschlafen

gerne das Spiel »Erzähl mir drei Sachen, die heute schön waren«.

- Fragen Sie sich bei oder nach einem Streit, worum es Ihnen wirklich geht: recht zu haben oder Verbindung zu spüren?
- Wie wäre es, den anderen, wenn er heute Abend zur Tür hereinkommt, anzuschauen, als hätten Sie ihn noch nie gesehen? Sich klarzumachen, dass Sie ihn so, wie er jetzt gerade ist, in diesem Moment, tatsächlich noch nie gesehen haben? Ihn nicht selbstverständlich zu nehmen?

Eines der größten Geschenke, das wir den Menschen in unserem Leben machen können, ist unsere Anwesenheit. Ganz da zu sein. Schenken Sie Ihre Präsenz, schenken Sie sich selbst. Erlauben Sie sich die Vorstellung, dass Sie nicht mehr sein müssen, als Sie sind (nicht klüger, achtsamer, schöner, jünger, selbstsicherer oder was Ihr innerer Antreiber vielleicht auch meint, dass Sie sein sollten), sondern dass das größte Geschenk, das Sie zu geben haben, Ihr einfaches Da-Sein ist.

Die folgende kleine Achtsamkeitspraxis hilft dabei, sich in dieser Präsenz zu üben.

Umarmungsmeditation

Schlagen Sie Ihrem Partner oder einem anderen nahen Menschen ein kleines Experiment vor: sich nämlich heute einmal ein bisschen länger und auf eine etwas andere Weise zu umarmen als sonst: als eine Art, sich gegenseitig Aufmerksamkeit, Respekt und liebevolles Da-Sein zu schenken.

Stellen Sie sich einander gegenüber und nehmen Sie sich zu Beginn einen Moment Zeit, in Ihrem Körper anzukommen. Vielleicht schließen Sie kurz die Augen und erlauben sich einen bewussten Atemzug. Falls Sie Anspannung bemerken, lassen Sie sie los, so gut es geht, es gibt hier nichts, was Sie falsch machen könnten. Schauen Sie einander dann an und nehmen Sie Ihr Gegenüber wirklich wahr: diesen Menschen, mit dem Sie Ihr Leben teilen.

Treten Sie nun nah aneinander heran, sodass Sie sich bequem (!) umarmen können. Entspannen Sie sich in diese Umarmung hinein. Schließen Sie, wenn Sie mögen, sanft die Augen, und bleiben Sie drei Atemzüge (oder solange es Ihnen angenehm ist) in den Armen der geliebten Person.

Atmen Sie bewusst ein und aus. Nehmen Sie Ihren Körper wahr, den Körper Ihres Gegenübers, seine Nähe, seine Wärme. Schenken Sie Ihre Präsenz, spüren Sie die Gegenwart des anderen. Lauschen Sie auf das, was zwischen Ihnen entsteht, ohne etwas Bestimmtes zu erwarten.

Nichts tun. Entspannen. Einfach da sein.

Falls Verlegenheit oder Unsicherheit auftauchen sollte, ist die auch okay.

Wenn Sie mögen, können Sie die drei Atemzüge innerlich mit folgenden Worten begleiten:

1. Einatmend spüre ich mich selbst. Ausatmend genieße ich mein Hiersein.
2. Einatmend spüre ich dich. Ausatmend freue ich mich, dass du da bist.
3. Einatmend spüre ich uns beide. Ausatmend bin ich glücklich, dass wir beide hier zusammen sind.

Vielleicht mögen Sie sich anschließend, wenn Sie wieder auseinandertreten, bedanken. Wenn Ihnen diese Geste angenehm ist, kann es besonders schön sein, die Umarmungsmeditation zu Beginn und zum Ende mit aneinandergelegten Handflächen und einer kleinen Verbeugung einzurahmen. Eine solche Verbeugung, in asiatischen Kulturen ein üblicher Willkommens- und Abschiedsgruß, drückt für mich den Respekt und die Achtung aus, die ich diesem ganz besonderen Menschen in meinem Leben gerne schenken möchte.

....

Zum Abschluss:
Sonne und Regen

Achtsamkeit löst weder Ihre Probleme noch zaubert sie auf magische Weise Glück herbei. Menschliches Leben setzt sich aus zehntausend Leiden und zehntausend Freuden zusammen, heißt es in den buddhistischen Schriften. Die Frage, die uns Achtsamkeit stellt, lautet:

Wie wollen wir damit umgehen? Wie wollen wir unserem Leben begegnen?

Ein paar Anregungen zum Weiterüben

- Bemerken Sie, wie schnell die Gewohnheitsenergie dabei ist, Achtsamkeit zu einer weiteren Aufgabe auf der To-do-Liste zu machen, die es abzuarbeiten gilt.
- Lassen Sie die Vorstellung los, dass Sie etwas erreichen oder sich entschuldigen müssten, weil Sie »wieder mal nicht achtsam waren«.
- Darf es so sein, wie es ist?
- Sogar dann, wenn *es* gerade Widerstand, Langeweile, Frustration, Unlust ist?
- Was wären geschickte Mittel, um sich zu motivieren, Achtsamkeit zu üben? Wie können

Sie es mit etwas Angenehmem verknüpfen, sodass Sie Lust bekommen, es zu tun?

- Sie können immer wieder von vorn beginnen. Abschweifen zu bemerken *ist* Achtsamkeit.

Jeder Moment ist eine neue Einladung, <u>hier</u> zu sein.

Menschliches Leben ist oft schmerzvoll. Unerwartet brechen kleine und große Katastrophen über uns herein, wir sind Stress, Trennung, Alter, Krankheit und Tod ausgesetzt. Ist es da nicht angemessen, die Geschenke zu genießen, zu würdigen, die das Leben für uns bereithält?

Möglicherweise entdecken wir dabei, dass es viel mehr und möglicherweise ganz andere sind als die, die wir erwartet haben.

Danksagung

Als der Vorschlag kam, dieses Buch zu schreiben, war ich skeptisch. *Noch* ein Buch über Achtsamkeit? Unzählige sind darüber schon verfasst worden, viele von Menschen, die die Tiefe der Praxis und die Komplexität, andere Menschen darin anzuleiten, in weit größerem Maße durchdrungen haben als ich. Doch wenn dieses Buch, das ich mit viel Freude und einem großen Gefühl der Dankbarkeit geschrieben habe, dazu beiträgt, auch nur einem einzigen Leser, einer einzigen Leserin die Tür zu öffnen, dann hat sich dieser Prozess schon gelohnt.

Was sich durch Achtsamkeit in meinem eigenen Leben entwickelt hat, ist für mich selbst manchmal kaum zu fassen. Es ist, als ob es Schritt für Schritt reicher, lebendiger und intensiver geworden wäre. Und zwar nicht, weil es das nicht immer schon *war*, sondern weil ich keinen Zugang hatte, um es wahrzunehmen. Die Dinge wurden fast unmerklich dreidimensionaler, funkelnd und vibrierend in ihrer Lebendigkeit, wo ich sie früher als flach und leblos wahrgenommen hatte. Dieser Weg, das eigene Lebendigsein zu realisieren, wartet auf jeden von uns, und es gibt unzählige Türen, durch die wir ihn zu betreten vermögen. Möge dieses Buch eine solche sein.

All denen, die mir die Tür geöffnet haben und das weiterhin tun, danke ich aus tiefstem Herzen. Meinen vielen Lehrern und Lehrerinnen und ihren Lehrern und Lehrerinnen, meinen Gefährten und Gefährtinnen auf dem Weg: ein Fluss von Menschen, die seit Anbeginn der Zeit andere dabei unterstützen, ihr inneres Licht zu finden. Ich bin unendlich dankbar, in meiner kleinen Weise Teil dieses Flusses zu sein.

Und ich danke Lothar, meinem Mann. Unsere Gespräche, unser Lachen, unser Miteinander-da-Sein ist vielleicht die schönste Blüte, die Achtsamkeit in meinem Leben wachsen lässt.

Quellenangaben

Hinweise zu Forschungsergebnissen zum Lächeln (S. 55) verdanke ich Rick Hanson und seinem Newsletter »Just one thing«. Die »Basics der Meditation« (S. 67) finden sich auf seiner Homepage unter www.rickhanson.net.

Im Abschnitt über die Bauchatmung habe ich sehr profitiert von Donald Altman: *The Mindfulness Toolbox*, Pesi Publishing & Media: Eau Claire, WI 2014 (bislang nur auf Englisch erschienen).

Zitat Andreas Tenzer (S. 20): *Momente der Ruhe* (Groh Verlag: Germering 2013); David Steindl-Rast (S. 32): aus einem Vortrag; Viktor Frankl (S. 63): *... trotzdem Ja zum Leben sagen* (Kösel: München [6]2009); Linda Lehrhaupt (S. 75): aus einem Vortrag.

Buchempfehlungen

Brähler, Christine: *Selbstmitgefühl – Vom liebevollen Umgang mit sich selbst*. Scorpio: München 2015.

Chödrön, Pema: *Meditieren – Freundschaft schließen mit sich selbst*. Kösel: München 2013.

Furtmeier, Karin/Mayer, Heike: *NOW! Gelassen leben im Hier und Jetzt*. Scorpio: München, 2016.

Johnstone, Matthew: *Den Geist beruhigen. Eine illustrierte Einführung in die Meditation*. Antje Kunstmann: München [2]2012.

Kabat-Zinn, Jon: *Achtsamkeit für Anfänger*. Arbor: Freiburg 2013.

Kornfield, Jack: *Meditation für Anfänger*. (Mit CD.) Arkana: München [13]2007.

Kotsou, Ilios: *Achtsamkeit – Das kleine Übungsheft*. Trinity: München [4]2013.

Lehrhaupt, Linda: *Die Wellen des Lebens reiten. Mit Achtsamkeit zu innerer Balance*, Kösel: München [2]2012.

Lehrhaupt, Linda/Meibert, Petra: *Stress bewältigen mit Achtsamkeit. Zu innerer Balance finden durch MBSR*. Kösel: München [6]2010.

Lehrhaupt, Linda et al.: *Stress bewältigen mit Achtsamkeit. MBSR- und Achtsamkeitsübungen für jeden Tag*. Doppel-CD, Kösel: München [2]2012.

Maex, Edel: *Mindfulness. Der achtsame Weg durch die Turbulenzen des Lebens*. Arbor: Freiburg 2008.

Mayer, Heike: *Das seh ich entspannt. Wie Sie Gelassenheit entwickeln*. Scorpio: München, 2016.

Siepmann, Anja: *Gelassen arbeiten. Wie Achtsamkeit den Berufsalltag erleichtert*. Scorpio: München, 2016.

Thich Nhat Hanh: *Das Wunder der Achtsamkeit. Einführung in die Meditation*. Theseus: Berlin 2009.

Lebenshilfe auf den Punkt gebracht

Achtsamkeit hilft uns, mit den Herausforderungen des Lebens geschickter umzugehen – und dabei die kleinen Freuden des gegenwärtigen Augenblicks aus vollem Herzen zu genießen. Die kompakten Pocketguides bieten einen unkomplizierten Einstieg: Eine Fülle an Übungen und Impulsen zeigt, wie sich Achtsamkeit konkret im Alltag umsetzen lässt.

ISBN 978-3-95803-009-1

ISBN 978-3-943416-94-7

ISBN 978-3-95803-006-0

ISBN 978-3-95803-007-7